Luftigleichte MODE stricken

Luftigleichte Mode *stricken*

Stilvolle Sommergarderobe aus kühlen Garnen

Sommer, Sonne, Strand & ... Stricken! Dieses Buch verbreitet Urlaubsfeeling, denn hier sind die idealen Modelle für eine sommerliche Garderobe enthalten.

Alle Anleitungen sind aus dem bekannten Rebecca-Magazin, das seit über 20 Jahren erfolgreich Strickmode aus ggh-Garnen veröffentlicht.

Mit dabei sind Kleider mit Rückenausschnitt, Pullover mit verschiedenen Ärmeln, Pullis mit Blockstreifen und so viel mehr! Von zarten Pastelltönen bis zu bunten, fröhlichen Farben: Alle Modelle sind aus hochwertigen, kühlen Garnen gestrickt, die sich gut mit warmen Temperaturen vertragen und super leicht auf der Haut liegen.

Es werden verschiedene Schnitte, Ärmel, Maschen und Designs gezeigt, wodurch für Jede etwas dabei ist. Es wird also Zeit, die Nadeln rauszuholen und loszulegen, viel Spaß!

2 Editorial
6 Wissenswertes über Sommergarne
128 Impressum

PINK & ROT

36 Ringellook mit Rüschen
Pullover mit weiten Ärmeln

42 Gut vernetzt
Pullover mit Netzmuster

48 Verschlungene Pfade
Rückenfreies Top

54 Fließende Grenzen
Weiter Pullover mit Strukturmuster

GELB

10 Sonne, Licht & Luft
Pulli mit Mittelmuster

16 Kurz & bündig
Pulli mit Puffärmeln

22 Luftige Ringel
Patentmusterpulli mit Lochmusterringeln

28 Sommerliches Must-have
Top mit Rüsche

MINT

Inhalt

62 Schulter frei
Patentmuster-Pulli

68 Rauschendes Wasser
Ärmelloser Pulli

74 Rundum wohlfühlen
Weiter Pullover mit Streifen

BUNT & GESTREIFT

104 Farbenfroh in den Sommer
Pullover mit Blockstreifen

110 Colour & Stripes
Schulterfreier Pullover

116 Spannende Kontraste
Streifenpullover

122 Sommerfeeling pur
Kleid mit Blockstreifen

SAND & GRÜN

82 Ringel, Ringel, Reihe
Weiter Streifenpullover

88 Beschwingt durch den Tag
Netzmuster-Pulli mit Fransen

96 Olé Bolero!
Kurzes Jäckchen mit Streifen und Kordelverschluss

Abkürzungen

M = Masche; **R** = Reihe; **Rd** = Runde

Sommer Garne

Für die warme Jahreszeit eignen sich vor allem Garne, die kühlende Eigenschaften haben. Drei der besonders gut geeigneten Materialien werden nachfolgend näher erklärt.

Baumwolle

Erste Wahl im Sommer ist natürlich Baumwolle. Baumwolle ist eine der ältesten Kulturpflanzen der Welt. Ihr Anbau wird vor allem in großen Plantagen in subtropischen Regionen betrieben. Baumwolle ist sehr saugfähig, trägt sich angenehm auf der Haut, ist pflegeleicht und hat ein äußerst geringes Allergiepotenzial. Auch unzählige Waschgänge können ihr nichts anhaben. Besonders fein und glänzend ist die ägyptische Mako-Baumwolle. Heue gibt es eine Vielzahl von Arten, von Bio-Baumwolle bis hin zu farbig wachsender Baumwolle, bei der auf den Färbeprozess gänzlich verzichtet werden kann. Es können sogar Garne aus recycelter Baumwolle aus Stoffresten oder Altkleidung hergestellt werden.

Leinen

Leinen wird aus der Flachsfaser gewonnen, die, verglichen mit Baumwolle, ein nicht ganz so mildes Klima benötigt und auch in nördlicheren Gefilden gedeiht. Leinengarne haben nicht nur einen kühlen Griff, sie sind auch äußerst haltbar, fusseln nicht, gelten sogar als antibakteriell und für Allergiker geeignet und können bei hohen Temperaturen gewaschen werden. Leinen weist einen schönen, leichten Eigenglanz auf.

Viskose

Viskose ist eine so genannte Regeneratfaser und somit eigentlich auch ein Naturprodukt. Hergestellt wird sie ähnlich wie bei der Papierherstellung, indem Hölzer, Bambus, Pflanzenreste oder sogar Algen zu einer Zellulose umgewandelt werden. Es entsteht in einem chemischen Verfahren eine Spinnlösung, die dann wiederum Schritt für Schritt zum Endprodukt Garn versponnen wird. Viskose kann sehr fein und mit unterschiedlichen Garnquerschnitten versponnen werden, hat einen besonderen Glanz und ist fließend weich mit kühlem Griff.

Gelb

Sommer, Strand und Sonne

Sonne, Licht & Luft

Vorne kurz, hinten lang – der extravagante Schnitt und der senkrechte Lochmusterstreifen in der vorderen Mitte machen diesen Pulli zum sommerfarbenen Wow-Piece. Das körnige Perlmuster bringt das filigrane Mittelmuster besonders schön zur Geltung.

Pulli mit Mittelmuster

GRÖSSE
36/38 (40/42) 44/46
Die Angaben für Größe 36/38 stehen vor der Klammer, die Angaben für Größe 40/42 in der Klammer vor dem Strich, die Angaben für Größe 44/46 in der Klammer nach dem Strich. Bei nur einer Angabe gilt diese für alle 3 Größen.

MATERIAL
ggh-Garn LINOVA (74 % Baumwolle, 26 % Leinen; Lauflänge ca. 100 m/50 g)
500 (550/600) g in Cremegelb **(Fb 20)**
Stricknadeln Nr. 3,5–4
Rundstricknadel Nr. 3,5–4 in 40 cm und 80 cm Länge

MASCHENPROBE
Mit Nadeln Nr. 3,5–4 im Perlmuster gestrickt, ergeben 19–20 M und 25 Rd/R = 10 x 10 cm.

MUSTER

Kraus rechts
In allen R rechts stricken, in Rd 1 Rd linke M und 1 Rd rechte M im Wechsel stricken.

Großes Perlmuster
1 M rechts, 1 M links im Wechsel stricken, das Muster nach jeweils 2 R versetzt arbeiten.

Mittelmuster
Siehe Schema. Es sind nur ungerade Rd bzw. Hinr gezeichnet; in geraden Rd bzw. Rückr die M stricken, wie sie erscheinen, die Umschläge in Rd rechts, in Rückr links stricken.In der Breite 10 Anfangs-M, 2 x den Rapport von 6 M und die 13 End-M stricken = 35 M. Die 1. bis 4. Rd/R stets wiederholen.

Abnahmen
Am R-Anfang nach der Randm 1 Überzug arbeiten (= 1 M rechts abheben, 1 M rechts stricken und die abgehobene M überziehen); am R-Ende bis vor die letzten 3 M stricken, dann 2 M rechts zusammenstricken, Randm.

Schema für das Mittelmuster

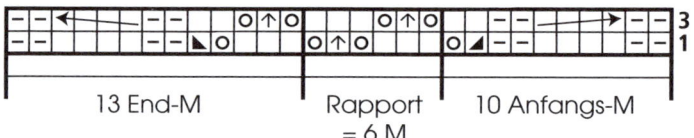

13 End-M | Rapport = 6 M | 10 Anfangs-M

Zeichenerklärung

☐ = 1 M links
⊟ = 1 M rechts
O = 1 Umschlag
◢ = 2 M rechts zusammenstricken
◣ = 1 Überzug (= 1 M rechts abheben, 1 M rechts stricken und die abgehobene M überziehen)
↑ = 2 M zusammen rechts abheben, 1 M rechts stricken und die abgehobenen M überziehen
⌐⎯⎯▶ = 2 M mit einer Hilfsnadel hinter die Arbeit legen, 2 M rechts, dann die M der Hilfsnadel rechts stricken
◀⎯⎯⌐ = 2 M mit einer Hilfsnadel vor die Arbeit legen, 2 M rechts, dann die M der Hilfsnadel rechts stricken

ANLEITUNG

Hinweis: Der Pulli wird in Rd gestrickt. Dadurch verzieht sich das Teil beim Stricken und die M verlaufen schräg. Deshalb den fertigen Pullover nass machen und mit geringer Umdrehungszahl (ca. 700) in der Waschmaschine schleudern. Den Pullover in Form ziehen und trocknen lassen. Danach behält er die gerade Form.

RÜCKEN- UND VORDERTEIL

Bis zu den Armausschnitten in einem Stück in Rd stricken.
182 (202/222) M anschlagen und 6 Rd kraus rechts stricken. Weiter im Großen Perlmuster mit verkürzten R stricken; dafür jeweils mit 1 Umschlag wenden und diesen in der folgenden R/Rd mit der nächsten M mustergemäß zusammenstricken. Zuerst 47 (55/63) M stricken, wenden, dann beidseitig je 1 x 8 (9/10) M, 2 x je 4 (5/6) M, 9 x je 2 M, 2 x je 4 (5/6) M und 1 x je 8 (9/10) M mehr stricken, in der letzten Rückr die restlichen 35 M stricken.
Nun wenden und in Rd stricken, dabei über die ersten 35 M das Mittelmuster, die übrigen 147 (167/187) M im Großen Perlmuster stricken.
In 28 cm Höhe, in der vorderen Mitte gemessen, die Armausschnitte beginnen. Dafür die 35 Mittel-M und 23 (27/31) M stricken, 10 (12/14) M abketten, 81 (89/97) M stricken und stilllegen, 10 (12/14) M abketten.

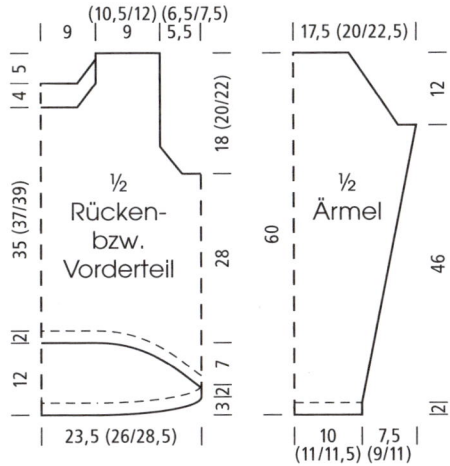

Über die folgenden 81 (89/97) M das Vorderteil beenden. Dabei für die Armausschnitte beidseitig in jeder 2. R 5 (6/7) x 1 M wie beschrieben abnehmen = 71 (77/83) M.
In 37 (39/41) cm Höhe, in der vorderen Mitte gemessen, für den Halsausschnitt die mittleren 25 M abketten, beidseitig davon in jeder 2. R 4 x 1 M wie beschrieben abnehmen.
In 46 (48/50) cm Höhe, in der vorderen Mitte gemessen, die verbleibenden 19 (22/25) Schulter-M gerade abketten.
Über die stillgelegten 81 (89/97) M das Rückenteil im Großen Perlmuster ebenso beenden, jedoch in 53 (55/ 57) cm Höhe, in der rückwärtigen Mitte gemessen, für den Halsausschnitt die mittleren 25 M abketten, beidseitig davon in jeder 2. R 4 x 1 M wie beschrieben abnehmen.
In 58 (60/62) cm Höhe, in der rückwärtigen Mitte gemessen, die restlichen 19 (22/25) Schulter-M gerade abketten.

ÄRMEL

42 (44/46) M anschlagen und 6 R kraus rechts stricken.
Nun im Großen Perlmuster stricken, dabei für die Ärmelschrägungen beidseitig in jeder 8. R 12 x 1 M und in jeder 6. R 2 x 1 M (in jeder 6. R 18 x 1 M/in jeder 6. R 11 x 1 M und in jeder 4. R 11 x 1 M) zunehmen = 70 (80/90) M.
In 48 cm Höhe beidseitig 1 x 6 (7/8) M abketten und in jeder 2. R 14 x 1 M abnehmen, die restlichen 30 (38/46) M gerade abketten.

ZU GUTER LETZT

Die Teile spannen und unter feuchten Tüchern trocknen lassen.
Die Schulter- und Ärmelnähte schließen, die Ärmel einnähen. Aus dem Halsausschnitt mit der kurzen Rundstricknadel ca. 105 M aufnehmen und zuerst 1 Rd links, dann 3 Rd rechts sricken. Danach die M abketten, dabei links stricken.

Kurz & bündig

Der hohe, taillierte Bund in 2-er Rippen ist der passende Kontrast zu dem locker geschnittenen Oberteil. Auch die angestrickten Puffärmel werden jeweils durch das Bündchen gerafft. Das Ergebnis: ein figurbetonter, femininer Look!

Pulli mit Puffärmeln

GRÖSSE
34/36 (38/40) 42/44
Die Angaben für Größe 34/36 stehen vor der Klammer, die Angaben für Größe 38/40 in der Klammer vor dem Strich, die Angaben für Größe 42/44 in der Klammer nach dem Strich. Bei nur einer Angabe gilt diese für alle 3 Größen.

MATERIAL
ggh-Garn REVA (95 % recycelte Baumwolle, 5 % andere Fasern; Lauflänge ca. 155 m/50 g)
300 (300/350) g in Strohgelb **(Fb 7)**
Stricknadeln Nr. 3–3,5 und 3,5–4
Rundstricknadel Nr. 3–3,5 in 40 cm Länge

MASCHENPROBE
Mit Nadeln Nr. 3,5–4 glatt rechts gestrickt, ergeben 22 M und 29 R = 10 x 10 cm.

MUSTER
Bündchenmuster
2 M rechts, 2 M links im Wechsel stricken.

Glatt rechts
In Hinr rechte M, in Rückr linke M stricken.

Abnahmen
Am R-Anfang Randm und 1 M rechts stricken, dann 2 M rechts zusammenstricken; am R-Ende bis vor die letzten 4 M stricken, dann 1 Überzug stricken (= 1 M rechts abheben, 1 M rechts stricken und die abgehobene M überziehen), 1 M rechts, Randm.

ANLEITUNG

RÜCKENTEIL

82 (90/98) M mit Nadeln Nr. 3–3,5 anschlagen und 20 cm im Bündchenmuster stricken. Weiter mit Nadeln Nr. 3,5–4 glatt rechts stricken, dabei in der 1. R gleichmäßig verteilt 16 (18/20) M zunehmen (= je 1 M rechts verschränkt aus dem Querfaden stricken) = 98 (108/118) M.

In 34 (32/32) cm Höhe für die Armausschnitte beidseitig 1 x 13 (16/18) M abketten = 72 (76/82) M.

In 46 (46/48) cm Höhe für den Halsausschnitt die mittleren 20 (20/22) M abketten, beidseitig davon in jeder 2. R 10 x 1 M wie beschrieben abnehmen.

In 54 (54/56) cm Höhe die verbleibenden 16 (18/20) Schulter-M gerade abketten.

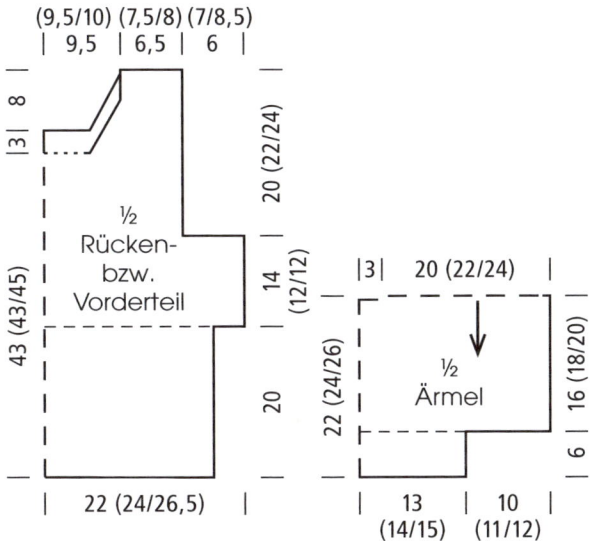

VORDERTEIL

Wie das Rückenteil stricken, jedoch in 43 (43/45) cm Höhe für den Halsausschnitt die mittleren 20 (20/22) M stilllegen, beidseitig davon in jeder 2. R 10 x 1 M wie beschrieben abnehmen.

ÄRMEL

Zuerst die M der Schultern mit Maschenstichen verbinden.

Aus einer senkrechten Armausschnittkante 91 (99/107) M mit Nadeln Nr. 3,5–4 aufnehmen und 1 Rückr links stricken, dann glatt rechts stricken, dabei in der 1. Hinr die mittleren 13 M verdoppeln (= aus jeder M 1 M rechts und 1 M rechts verschränkt str) = 104 (112/120) M.

In 16 (18/20) cm Ärmellänge in einer Rückr gleichmäßig verteilt 42 (46/50) x 2 M links zusammenstricken = 62 (66/70) M. Dann mit Nadeln Nr. 3–3,5 im Bündchenmuster stricken.
In 22 (24/26) cm Ärmellänge die M abketten.
Den 2. Ärmel ebenso anstricken.

ZU GUTER LETZT

Das Teil spannen und unter feuchten Tüchern trocknen lassen.
Die Ärmel-, Armausschnitt- und Seitennähte schließen.
Für die Halsausschnittblende mit der Rundstricknadel die stillgelegten 20 (20/22) M rechts stricken, dazu ca. 104 (104/106) M aufnehmen = ca. 124 (124/128) M. Nun 1 Rd links und 4 Rd rechts stricken, dann die M abketten, dabei rechts stricken.

Luftige Ringel

Senkrecht aufstrebende Patentmusterrippen werden durch Lochmusterringel unterbrochen – das erzeugt rein optisch Spannung. Im Gegensatz dazu geht der kurze, gerade geschnittene Pulli mit angestrickten Ärmeln locker und völlig entspannt von der Nadel.

Luftige Ringel

Patentmusterpulli mit Lochmusterringeln

GRÖSSE
36/38 (40/42) 44/46
Die Angaben für Größe 36/38 stehen vor der Klammer, die Angaben für Größe 40/42 in der Klammer vor dem Strich, die Angaben für Größe 44/46 in der Klammer nach dem Strich. Bei nur einer Angabe gilt diese für alle 3 Größen.

MATERIAL
ggh-Garn TIVOLI (60 % Modal (Viskose), 40 % Baumwolle; Lauflänge ca. 130 m/50 g)
350 (400/450) g in Pastellgelb **(Fb 12)**
Stricknadeln Nr. 4,5
Rundstricknadel Nr. 4,5 in 40 cm Länge.

MASCHENPROBE
Mit Nadeln Nr. 4,5 im Patentmuster gestrickt, ergeben 14 M und 42 (21 sichtbare) R = 10 x 10 cm.

MUSTER
Bündchenmuster
1 M rechts, 1 M links im Wechsel stricken.

Patent
Ungerade Maschenzahl.
1. R (= Rückr): * 1 M mit 1 Umschlag wie zum Linksstricken abheben, 1 M rechts stricken *; von * bis * wiederholen und die R beenden mit 1 M mit einem Umschlag wie zum Linksstricken abheben.
2. R (= Hinr): 1 M rechts mit 1 Umschlag rechts zusammenstricken, * 1 M mit 1 Umschlag wie zum Linksstricken abheben, 1 M mit dem Umschlag rechts zusammenstricken *; von * bis * wiederholen.
3. R: * 1 M mit 1 Umschlag wie zum Linksstricken abheben, 1 M mit dem Umschlag rechts zusammenstricken *; von * bis * wiederholen und die R beenden mit 1 M mit einem Umschlag wie zum Linksstricken abheben.
Die 2. bis 3. R wiederholen.

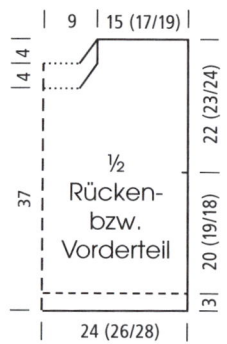 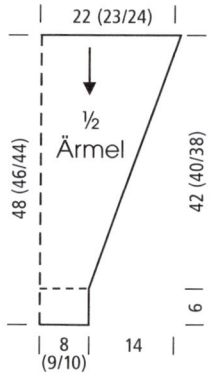

Lochmuster

Ungerade Maschenzahl.

Je Lochmusterstreifen 1 x die 1. bis 3. R stricken, dabei jeweils in einer Rückr beginnen.

1. R (= Rückr): Linke M stricken.
2. R (= Hinr): Randm, * 1 Umschlag, 2 M rechts zusammenstricken *; von * bis * wiederholen.
3. R: Linke M stricken.

Abnahmen

Am Anfang der R: Randm, 1 M rechts, 1 Überzug stricken (= 1 M abheben, 1 M rechts stricken, dann die abgehobene M überziehen). Am Ende der R: Bis vor die letzten 4 M stricken, 2 M rechts zusammenstricken, 1 M rechts, Randm.

ANLEITUNG

RÜCKENTEIL

67 (73/79) M anschlagen und 8 R im Bündchenmuster stricken, dabei mit einer Rückr mit 1 M links beginnen und enden.
Danach weiter in der Musterfolge arbeiten. Hierzu 4 x nacheinander 21 R im Patentmuster und 3 R Lochmuster stricken.
Danach das Rückenteil im Patentmuster beenden.
In 23 (22/21) cm Gesamthöhe eine Markierung für die Ärmel setzen.
In 41 cm Gesamthöhe für den Halsausschnitt die mittleren 17 M stilllegen. Beide Schultern getrennt über 25 (28/31) M beenden.
An der zum Ausschnitt zeigenden Seite noch 2 x in jeder 8. R (= in jeder 4. sichtbaren Rückr) die 2. und 3. Rechtsrippe zusammenstricken wie beschrieben = 21 (24/27) Schulterm. In 45 cm Gesamthöhe alle M abketten.

VORDERTEIL
Wie das Rückenteil stricken, jedoch den Halsausschnitt bereits in 37 cm beginnen.

ÄRMEL
An den Seitenkanten zwischen den Markierungen 65 (67/71) M auffassen.
Dann weiter im Patentmuster stricken und dabei mit einer Rückr beginnen. 6 x nacheinander 21 R im Patentmuster und 3 R Lochmuster stricken. Danach den Ärmel im Patentmuster beenden.
Für die Ärmelschrägungen beidseitig 7 x in jeder 12. R (= in jeder 6. sichtbaren Rückr) die 2. und 3. Rechtsrippe zusammenstricken wie beschrieben = 37 (39/43) M.
Ab 42 (40/38) cm Ärmellänge noch 6 cm im Bündchenmuster stricken und in 48 (46/44) cm Ärmellänge alle M abketten.

ZU GUTER LETZT
Schulter-, Seiten- und Ärmelnähte schließen.
Für das Halsbündchen mit der 40 cm langen Rundstricknadel 82 M aus dem Halsausschnitt auffassen. 1 Rd linke M und 3 Rd rechte M stricken, dann alle M abketten, dabei rechts stricken.

Sommerliches Must-have

Sportlich lässig trifft auf romantisch verspielt – das Top in klassischer Passform erhält durch eng gefältelte Rüschen einen krönenden Abschluss. Ein Must-have, an das sich auch Anfänger heranwagen können, denn es wird einfach nur glatt rechts gestrickt!

Sommerliches Must-have

Top mit Rüsche

GRÖSSE
34/36 (38/40) 42/44
Die Angaben für Größe 34/36 stehen vor der Klammer, die Angaben für Größe 38/40 in der Klammer vor dem Strich, die Angaben für Größe 42/44 in der Klammer nach dem Strich. Bei nur einer Angabe gilt diese für alle 3 Größen.

MATERIAL
ggh-Garn REVA (95 % recycelte Baumwolle, 5 % andere Fasern; Lauflänge ca. 155 m/50 g)
250 (300/300) g in Strohgelb **(Fb 7)**
Stricknadeln Nr. 3–3,5 und 3,5–4
Rundstricknadel Nr. 3–3,5 in 60 cm Länge

MASCHENPROBE
Mit Nadeln Nr. 3,5–4 glatt rechts gestrickt, ergeben 23 M und 31 R = 10 x 10 cm.

MUSTER
Glatt rechts
In Hinr rechte M, in Rückr linke M stricken.

Abnahmen
Am R-Anfang Randm, 1 M rechts stricken, dann 1 Überzug stricken (= 1 M rechts abheben, 1 M rechts stricken und die abgehobene M überziehen); am R-Ende bis vor die letzten 4 M stricken, dann 2 M rechts zusammenstricken, 1 M rechts, Randm.

ANLEITUNG

RÜCKENTEIL

Für den Volant (nicht im Schnittschema gezeichnet) 302 (304/306) M mit Nadeln Nr. 3–3,5 anschlagen und 1 Rückr rechts, dann mit Nadeln Nr. 3,5–4 glatt rechts stricken.

In 10 cm Höhe mit Nadeln Nr. 3–3,5 1 Hinr rechts stricken, dabei 200 (192/184) M wie folgt abnehmen: Randm, 0 (14/28) x 2 M rechts zusammenstricken, 100 (82/64) x 1 doppelte Abnahme arbeiten (= 2 M zusammen rechts abheben, 1 M rechts stricken und die abgehobenen M überziehen), dann 0 (14/28) x 1 Überzug arbeiten (= 1 M rechts abheben, 1 M rechts stricken und die abgehobene M überziehen), Randm = 102 (112/122) M.

Weiter mit Nadeln Nr. 3,5–4 zuerst 1 Rückr rechts, dann glatt rechts stricken. Dabei für die Seitenschrägungen beidseitig nach 9 R 1 x 1 M, dann in jeder 8. R 7 x 1 M abnehmen = 86 (96/106) M.

In 28 cm Höhe ab Volant für die Armausschnitte beidseitig 1 x 6 (7/9) M abketten, dann in jeder 2. R 6 (7/8) x 1 M wie beschrieben abnehmen = 62 (68/72) M.

In 38 (40/42) cm Höhe ab Volant für den Halsausschnitt die mittleren 30 M stilllegen, beidseitig davon in jeder 2. R 5 x 1 M wie beschrieben abnehmen.

In 56 (58/60) cm Höhe ab Volant die verbleibenden 11 (14/16) Träger-M stilllegen.

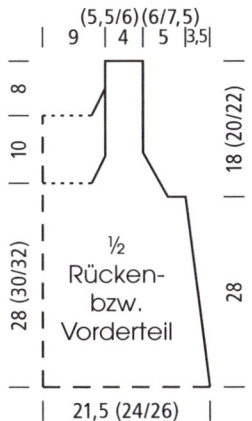

VORDERTEIL

Wie das Rückenteil stricken, jedoch den Halsausschnitt schon in 28 (30/32) cm Höhe ab Volant wie beim Rückenteil beschrieben stricken.

ZU GUTER LETZT

Die Teile spannen, unter feuchten Tüchern trocknen lassen. Die Trägernähte schließen. Aus dem Halsausschnitt mit der Rundstricknadel die stillgelegten M rechts stricken, dazwischen je ca. 56 M aufnehmen = ca. 172 M. Nun 1 Rd links und 2 Rd rechts stricken. Dann die M abketten, dabei links stricken.

Aus den Armausschnittkanten je ca. 90 (100/110) M mit Nadeln Nr. 3–3,5 aufnehmen, dann 1 Rückr rechts und 2 R glatt rechts stricken. Danach die M abketten, dabei links stricken.

Die Seitennähte schließen.

Ringellook mit Rüschen

Bei diesem eher sportiven Pulli mit magentafarbenen Blockstreifen setzen die weiten Rüschenärmel feminine Akzente. Die feine ägyptische Maco-Baumwolle macht den Kurzpulli zum sommerlichen Leichtgewicht.

Ringellook mit Rüschen

Pullover mit weiten Ärmeln

GRÖSSE

34/36 (38/40) 42/44
Die Angaben für Größe 34/36 stehen vor der Klammer, die Angaben für Größe 38/40 in der Klammer vor dem Strich, die Angaben für Größe 42/44 in der Klammer nach dem Strich. Bei nur einer Angabe gilt diese für alle 3 Größen.

MATERIAL

ggh-Garn SCARLETT (100 % ägyptische Maco-Baumwolle; Lauflänge ca. 105 m/50 g)
250 (300/300) g in Magenta **(Fb 31)** und
150 (200/200) g in Lilienorange **(Fb 62)**
Stricknadeln Nr. 3,5–4 und 4–4,5
Rundstricknadel Nr. 3,5–4 in 40 cm Länge.

MASCHENPROBE

Mit Nadeln Nr. 4–4,5 glatt rechts gestrickt, ergeben 20 M und 26 R = 10 x 10 cm.

MUSTER

Bündchenmuster
2 M rechts, 2 M links im Wechsel stricken.

Glatt rechts
In Hinr rechte M, in Rückr linke M stricken.

Abnahmen
Am R-Anfang Randm und 1 M rechts stricken, dann 2 M rechts zusammenstricken; am R-Ende bis vor die letzten 4 M stricken, dann 1 Überzug stricken (= 1 M rechts abheben, 1 M rechts stricken und die abgehobene M überziehen), 1 M rechts, Randm.

ANLEITUNG

RÜCKENTEIL

86 (94/102) M in Magenta mit Nadeln Nr. 3,5–4 anschlagen und 5 cm im Bündchenmuster stricken.

Weiter mit Nadeln Nr. 4–4,5 glatt rechts 4 R in Magenta, dann 5 x je 8 R in Lilienorange und Magenta im Wechsel (= 80 R) und 8 R in Lilienorange, danach je 4 R in Magenta und Lilienorange im Wechsel stricken.

In ca. 30,5 cm Höhe, nach 6 R in Magenta, für die Armausschnitte beidseitig 1 x 4 (5/6) M abketten, dann in jeder 2. R 4 (5/6) x 1 M wie beschrieben abnehmen = 70 (74/78) M.

In 45 (46,5/48) cm Höhe für den Halsausschnitt die mittleren 26 M stilllegen, beidseitig davon in jeder 2. R 4 x 1 M wie beschrieben abnehmen.

In 50 (51,5/53) cm Höhe die verbleibenden 18 (20/22) Schulter-M gerade abketten.

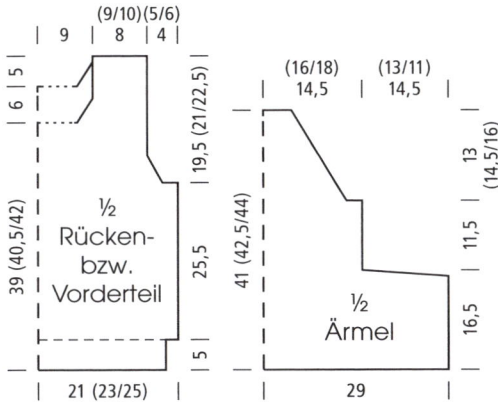

VORDERTEIL
Wie das Rückenteil stricken, jedoch den Halsausschnitt bereits in 39 (40,5/42) cm Höhe wie beim Rückenteil beschrieben stricken.

ÄRMEL
Je 118 M in Magenta mit Nadeln Nr. 4–4,5 anschlagen und 1 Rückr rechts, dann glatt rechts 10 R in Magenta, 3 x je 4 R in Lilienorange und Magenta im Wechsel (= 24 R), dann weiter je 8 R in Lilienorange und Magenta im Wechsel stricken.
Zugleich in 15,5 cm Höhe, in der 7. R des ersten breiten Streifens in Lilienorange, Randm und 1 (7/4) M rechts stricken, dann * 2 M rechts zusammenstricken und 2 (2/3) M rechts stricken, ab * 28 (25/21) x stricken, enden mit 2 M rechts zusammenstricken, 1 (7/5) M rechts, Randm = 89 (92/96) M.
In der folgenden Hinr Randm und 0 (6/3) M rechts stricken, dann * 2 M rechts zusammenstricken, 1 (1/2) M rechts, ab * 28 (25/21) x stricken, enden mit 2 M rechts zusammenstricken, 1 (7/5) M rechts, Randm = 60 (66/74) M. Weiter gerade hoch stricken.
In ca. 28 cm Höhe, nach 6 R in Lilienorange, für die Armkugel beidseitig 1 x 4 (5/6) M abketten, dann in jeder 2. R 16 (18/20) x 1 M wie beschrieben abnehmen. Danach die restlichen 20 (20/22) M gerade abketten.

ZU GUTER LETZT
Die Teile spannen und unter feuchten Tüchern trocknen lassen.
Alle Nähte schließen und die Ärmel einnähen.
Für die Halsausschnittblende mit der Rundstricknadel und Magenta die stillgelegten je 26 M rechts stricken, dazwischen je ca. 30 M aufnehmen = ca. 112 M. Nun 1 Rd links und 3 Rd rechts stricken. Dann die M abketten, dabei rechts stricken.

Gut vernetzt

Der locker gestrickte Netzmusterpulli lässt viel Sonne und Luft an die wintermüde Haut. Die Mischung aus zwei verschiedenen Mohair-Garnen liegt federleicht und doch angenehm flauschig auf der Haut.

Gut vernetzt

Pullover mit Netzmuster

GRÖSSE
36/38 (40/42) 44/46
Die Angaben für Größe 36/38 stehen vor der Klammer, die Angaben für Größe 40/42 in der Klammer vor dem Strich, die Angaben für Größe 44/46 in der Klammer nach dem Strich. Bei nur einer Angabe gilt diese für alle 3 Größen.

MATERIAL
ggh-Garn KIDSEDA (70 % Mohair, 30 % Seide; Lauflänge ca. 210 m/25 g) und **KID** (65 % Mohair, 5 % Schurwolle, 30 % Polyamid; Lauflänge ca. 250 m/25 g)
75 (100/125) g KIDSEDA in Pinkmeliert **(Fb 201)** und **75 (100/100) g KID** in Korallrot **(Fb 104)**
Stricknadeln Nr. 4,5–5 und Nr. 5,5–6
Rundstricknadel Nr. 4,5–5 in 40 und 60 cm Länge

MASCHENPROBE
Mit 2 Fäden und Nadeln Nr. 5,5–6 im Netzmuster gestrickt, ergeben 12–13 M und 16 R = 10 x 10 cm.

MUSTER
Bündchenmuster
2 M rechts, 2 M links im Wechsel stricken.

Netzmuster
M-Zahl teilbar durch 4. Beidseitig zusätzlich je 1 Randm stricken.
<u>1. R</u>: * 1 Überzug (= 1 M rechts abheben, 1 M rechts stricken und die abgehobene M überziehen), 1 Umschlag, 2 M rechts zusammenstricken, ab * wiederholen.
2. und 4. R: Alle M links stricken und aus jedem Umschlag 1 M links und 1 M rechts stricken.
3. R: 2 M rechts, * 1 Überzug, 1 Umschlag, 2 M rechts zusammenstricken, ab * wiederholen, 2 M rechts.
Die 1. bis 4. R stets wiederholen.

Abnahmen
Am Anfang der R: Randm und 1 M rechts stricken, dann 1 Überzug arbeiten (= 1 M rechts abheben, 1 M rechts stricken, dann die abgehobene M überziehen). Am Ende der R: Bis vor die letzten 4 M stricken, dann 2 M rechts zusammenstricken, 1 Masche rechts, Randm.

ANLEITUNG

Der Pullover wird zweifädig gestrickt, mit je 1 Faden beider Qualitäten.

RÜCKENTEIL

62 (70/78) M mit 2 Fäden und Nadeln Nr. 4,5–5 anschlagen und 8 cm im Bündchenmuster stricken, die 1. Rückr mit Randm, 1 M links, 2 M rechts beginnen.

Weiter mit Nadeln Nr. 5,5–6 im Netzmuster arbeiten.

In 62 cm Höhe, nach einer 2. Muster-R, mit Nadeln Nr. 4,5–5 im Bündchenmuster wie zu Beginn der Arbeit stricken.

In 68 cm Höhe für den Halsausschnitt die mittleren 22 M stricken und stilllegen, beidseitig davon nach 2 R 1 x 1 M wie beschrieben abnehmen.

In 70 cm Höhe die verbleibenden 19 (23/27) Schulter-M gerade abketten.

VORDERTEIL

Wie das Rückenteil stricken, jedoch in 64 cm Höhe für den Halsausschnitt die mittleren 16 M stilllegen, beidseitig davon in jeder 2. R 4 x 1 M wie beschrieben abnehmen.

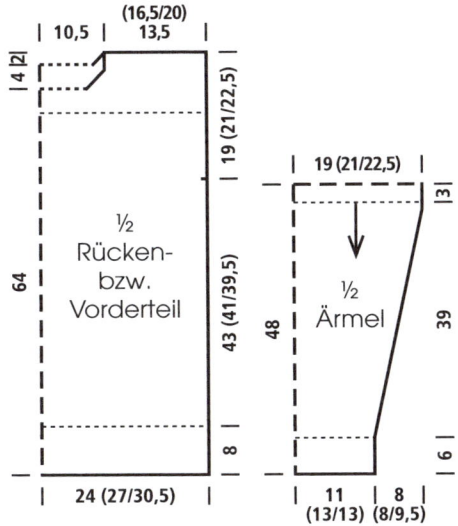

ÄRMEL

Zuerst die Schulternähte schließen.
Aus den mittleren 38 (42/45) cm einer Seitenkante 50 (54/58) M mit 2 Fäden und Nadeln Nr. 5,5–6 aufnehmen und 5 R im Bündchenmuster stricken, die 1. Rückr mit Randm, 1 M links, 2 M rechts beginnen.
Weiter im Netzmuster stricken. Dabei für die Ärmelschrägungen beidseitig in der 3. Netzmuster-R 1 x 1 M, dann in jeder 6. R 9 (9/5) x 1 M und in jeder 4. R 0 (0/6) x 1 M abketten. Dabei darauf achten, dass immer 4 Muster-M vorhanden sind, ansonsten die M in Hinr rechts, in Rückr links stricken = 30 (34/34) M.
In 42 cm Ärmellänge weiter mit Nadeln Nr. 4,5–5 im Bündchenmuster stricken.
In 48 cm Ärmellänge die M abketten.
Den 2. Ärmel ebenso anstricken.

ZU GUTER LETZT

Das Teil spannen und unter feuchten Tüchern trocknen lassen.
Die Ärmel- und Seitennähte schließen.
Für die Halsausschnittblende mit der Rundstricknadel und 2 Fäden die stillgelegten M rechts stricken, dazwischen je 11 M aufnehmen = 60 M. Nun 1 Rd rechts stricken, dann die M locker abketten, dabei rechts stricken.

Verschlungene *Pfade*

Flächen aus glatt rechts und glatt links gestrickten Maschen werden unterbrochen von einem raffinierten, in sich verschlungenem Diagonalmuster. Zusammen mit dem tiefen Rückenausschnitt und dem warmen Terracotta-Ton des Garns ergibt sich ein Sommeroberteil in Topform!

Verschlungene Pfade

Rückenfreies Top

GRÖSSE
34/36 (38/40)
Die Angaben für Größe 34/36 stehen vor der Klammer, die Angaben für Größe 38/40 in der Klammer. Bei nur einer Angabe gilt diese für beide Größen.

MATERIAL
ggh-Garn MANILA (33 % Baumwolle, 10 % Leinen, 57 % Viskose; Lauflänge ca. 100 m/50 g)
250 (300) g in Terracotta **(Fb 18)**
Stricknadeln Nr. 3,5–4 und Nr. 4–4,5

MASCHENPROBE
Mit Nadeln Nr. 4–4,5 glatt rechts bzw. glatt links gestrickt, ergeben 18 M und 25 R = 10 x 10 cm.

MUSTER
Bündchenmuster
2 M rechts, 2 M links im Wechsel stricken.

Glatt rechts
In Hinr rechte M, in Rückr linke M stricken.

Glatt links
In Hinr linke M, in Rückr rechte M stricken.

Diagonalmuster
Siehe Schema für Größe 34/36. Es sind nur die Hinr gezeichnet; in den Rückr die M stricken, wie sie erscheinen bzw. wie beschrieben stricken. Weitere Angaben siehe Anleitung.

ANLEITUNG

VORDERTEIL
70 (78) M mit Nadeln Nr. 3,5–4 anschlagen und 2 cm im Bündchenmuster stricken.
Weiter mit Nadeln Nr. 4–4,5 glatt rechts stricken.
Nach 10 R wie im Schema gezeichnet beidseitig je 4 M von den Rändern entfernt in jeder 2. R 3 x 1 M zunehmen = 76 (84) M. Dabei die 68 (72) nicht gezeichneten M glatt rechts stricken. Dann je 7 M nach innen verkreuzen, bis nach 66 (70) R die Mitte erreicht ist = 21. R des Schemas; die äußeren M glatt links stricken.
In ca. 35 (36,5) cm Höhe, in der 29. R des Schemas, die Arbeit in der Mitte teilen und über die je 38 (42) M beider Seiten bis zur 46. R des Schemas getrennt arbeiten. Danach wieder über alle M stricken.
In ca. 43,5 (45) cm Höhe, in der 51. R des Schemas, neben den Randm 3 M rechts stricken und das Bustierteil wie gezeichnet stricken, die linke Seite gegengleich arbeiten.
In ca. 46 (47,5) cm Höhe, nach der 57. R des Schemas, die Arbeit in der Mitte teilen und zunächst die rechte Seite beenden; für Größe 38/40 die Abnahmen vor der 81. R des Schemas im gleichen Prinzip noch 2 x wiederholen.
Die linke Seite gegengleich arbeiten.
In ca. 59,5 (62,5) cm Höhe über die restlichen 7 M für die Träger noch ca. 10 cm gerade hoch stricken, dann die M stilllegen.

RÜCKENTEIL
Wie das Vorderteil beginnen, jedoch in ca. 35 (36,5) cm Höhe, in der 29. R des Schemas, die Arbeit in der Mitte teilen und zunächst über 38 (42) M die rechte Seite beenden. Dabei an der inneren Kante für den V-Ausschnitt wie beim Vorderteil bis 9 M vor Ende der R stricken, dann 2 M links zusammenstricken und die letzten 7 M stricken; diese Abnahmen in jeder 2. R 6 (8) x und in jeder 4. R noch 6 x wiederholen. Zugleich in ca. 43,5 (45) cm Höhe die äußere Schrägung wie ab der 51. R des Vorderteils beschrieben arbeiten.
In ca. 59,5 (62,5) cm Höhe über die restlichen 7 M für die Träger noch ca. 10 cm gerade hoch stricken, dann die M stilllegen.
Die linke Seite gegengleich beenden.

ZU GUTER LETZT
Die Teile spannen und unter feuchten Tüchern trocknen lassen.
Die Seitennähte schließen. Die M der Träger im Maschenstich verbinden. Vorab das Teil anprobieren und die Trägerlänge evtl. korrigieren, dafür einige R zusätzlich stricken oder auftrennen.

Schema für das Diagonalmuster

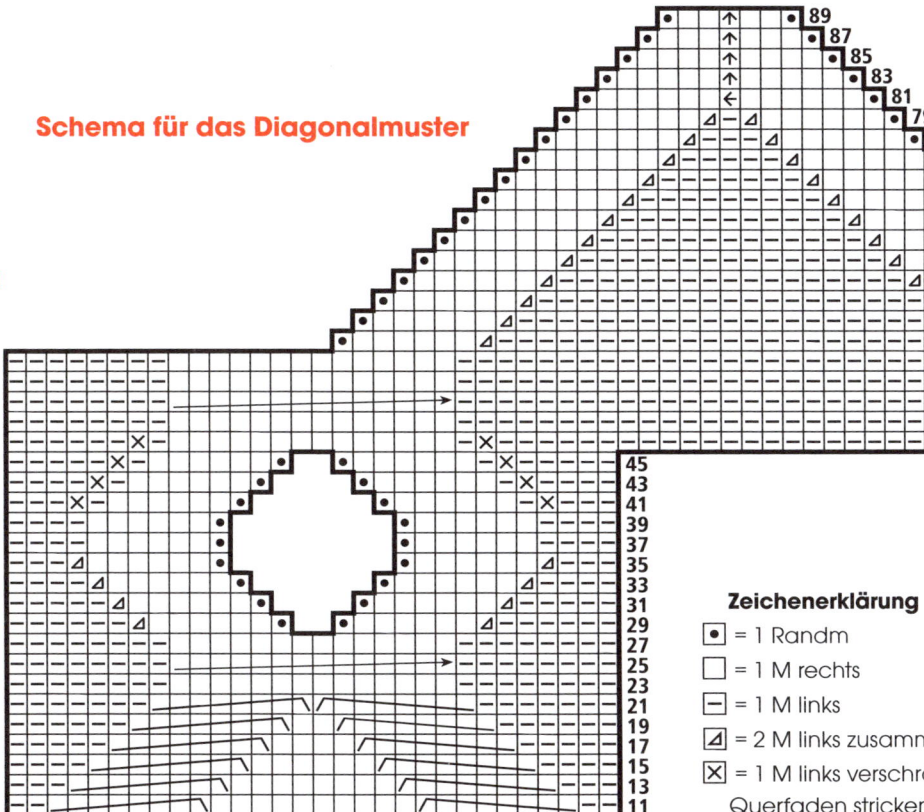

68 (72) M glatt rechts

Zeichenerklärung

- ⚫ = 1 Randm
- ☐ = 1 M rechts
- — = 1 M links
- ◢ = 2 M links zusammenstricken
- ✕ = 1 M links verschränkt aus dem Querfaden stricken
- ✢ = 1 M rechts verschränkt aus dem Querfaden stricken
- ⬅ = 3 M links zusammenstricken
- ⬆ = 1 doppelte Abnahme (= 2 M zusammen rechts abheben, 1 M rechts stricken und die abgehobenen M überziehen)
- = 7 M mit einer Hilfsnadel vor die Arbeit legen, 1 M links, dann die M der Hilfsnadel rechts stricken
- = 1 M mit einer Hilfsnadel hinter die Arbeit legen, 7 M rechts, dann die M der Hilfsnadel links stricken
- = 7 M mit einer Hilfsnadel hinter die Arbeit legen, 7 M rechts, dann die M der Hilfsnadel rechts stricken

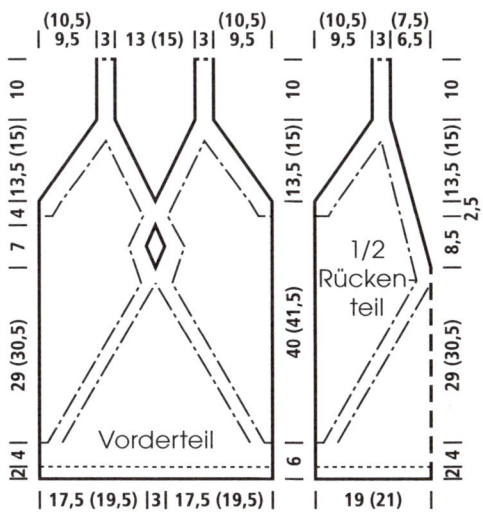

Fließende Grenzen

Long-Pulli oder Kleid? Dieser lässig weit und gerade geschnittene Pullover kann beides, denn das wunderbar leichte Baumwollgarn fällt fast so locker wie Stoff. Locker gestrickt ist auch das Strukturmuster, das nur aus sich abwechselnden rechten und linken Maschen entsteht.

Fließende Grenzen

Weiter Pullover mit Strukturmuster

GRÖSSE
36/38 (40–44) 46/48
Die Angaben für Größe 36/38 stehen vor der Klammer, die Angaben für Größe 40–44 in der Klammer vor dem Strich, die Angaben für Größe 46/48 in der Klammer nach dem Strich. Bei nur einer Angabe gilt diese für alle 3 Größen.

MATERIAL
ggh-Garn CALYPSO (100 % Baumwolle; Lauflänge ca. 185 m/50 g)
550 (600/650) g in Pink-Koralle **(Fb 3)**
Stricknadeln Nr. 5–5,5 und 5,5–6
Rundstricknadel Nr. 5–5,5 in 40 cm Länge

MASCHENPROBE
Mit Nadeln Nr. 5,5–6 und 2 Fäden gestrickt und hängend gemessen, ergeben ca. 15 M und 20 R = 10 x 10 cm.

MUSTER
Bündchenmuster
In Hinr 1 M rechts verschränkt und 1 M links im Wechsel stricken; in Rückr die links erscheinende M links verschränkt, die rechts erscheinende M rechts stricken.

Grundmuster
M-Zahl teilbar durch 4 + 1 + 2 Randm.
1. R (= Hinr): Randm, * 2 M rechts, 1 M links, 1 M rechts, ab * wiederholen, 1 M rechts, Randm.
2. R (= Rückr): Randm, * 1 M links, 3 M rechts, ab * wiederholen, 1 M links, Randm.
Die 1. und 2. R stets wiederholen.

ANLEITUNG

Hinweis: Der Pullover wird zweifädig gestrickt; dafür bei jedem einzelnen Knäuel 1 Faden von außen und 1 Faden von innen nehmen.

RÜCKENTEIL

83 (91/99) M mit 2 Fäden und Nadeln Nr. 5–5,5 anschlagen und im Bündchenmuster stricken, die 1. Rückr mit Randm, 1 M links verschränkt, 1 M rechts beginnen.

Weiter mit Nadeln Nr. 5,5–6 im Grundmuster stricken.

In 65 cm Höhe für den Halsausschnitt die mittleren 21 M abketten, beidseitig davon in jeder 2. R 4 x 1 M abnehmen. Dafür bei der rechten Seite bis vor die letzten 3 M stricken, dann 2 M rechts zusammenstricken, Randm; bei der linken Seite nach der Randm 1 M rechts abheben, 1 M rechts stricken und die abgehobene M überziehen.

In 70 cm Höhe die verbleibenden 27 (31/35) Schulter-M gerade abketten.

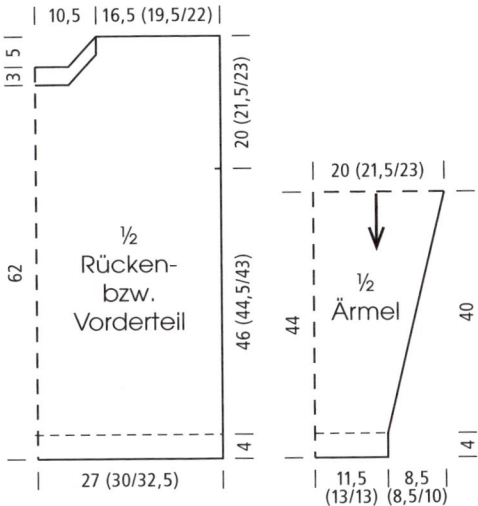

VORDERTEIL
Wie das Rückenteil stricken, jedoch den Halsausschnitt bereits in 62 cm Höhe wie beim Rückenteil beschrieben arbeiten.

ÄRMEL
Zuerst die Schulternähte schließen.

Aus den mittleren 40 (43/46) cm der Seitenkanten je 63 (67/71) M mit 2 Fäden und Nadeln Nr. 5,5–6 aufnehmen und 1 Rückr links, dann im Grundmuster stricken. Dabei für die Ärmelschrägungen beidseitig nach 5 R 1 x 1 M, dann in jeder 4. R 1 (1/8) x 1 M und in jeder 6. R 11 (11/6) x 1 M abketten = 37 (41/41) M.

In 40 cm Ärmellänge mit Nadeln Nr. 5–5,5 noch 4 cm im Bündchenmuster stricken, dann die M abketten.

ZU GUTER LETZT
Das Teil spannen und unter feuchten Tüchern trocknen lassen.

Die Ärmel- und Seitennähte schließen.

Aus dem Halsausschnitt mit der Rundstricknadel und 2 Fäden ca. 85 M aufnehmen, zuerst 1 Rd linke, dann 3 Rd rechte M stricken. Danach die M abketten, dabei links stricken.

Mint

wie Minze und Pistazieneis

Schulter
frei

Minimaler Aufwand, maximale Wirkung. Die gerade geschnittenen Ärmel des Patentmusterpullis werden einfach unterhalb der Armschrägungen angenäht, die Schultern bleiben frei. Lediglich eine schmale Umrandung aus rechten Maschen sorgt für den perfekten Rahmen.

Schulter frei

Patentmuster-Pulli

GRÖSSE
34–38 (40/42) 44/48
Die Angaben für Größe 34–38 stehen vor der Klammer, die Angaben für Größe 40/42 in der Klammer vor dem Strich, die Angaben für Größe 44/48 in der Klammer nach dem Strich. Bei nur einer Angabe gilt diese für alle 3 Größen.

MATERIAL
ggh-Garn TIVOLI (60 % Modal (Viskose), 40 % Baumwolle; Lauflänge ca. 130 m/50 g)
400 (450/500) g in Mint **(Fb 5)**
Stricknadeln Nr. 4–4,5 und 4,5–5
Rundstricknadel Nr. 4–4,5 in 40 cm Länge
Nadelspiel Nr. 4–4,5

MASCHENPROBE
Mit Nadeln Nr. 4,5–5 im Patentmuster gestrickt und in der Länge leicht gedehnt bzw. hängend gemessen, ergeben 14 M und 34 R = 10 x 10 cm.

MUSTER
Bündchenmuster
1 M rechts, 1 M links im Wechsel stricken.

Patentmuster
Ungerade M-Zahl.
1. R (= Hinr): Randm, * 1 M mit 1 Umschlag links abheben, 1 M rechts, ab * wiederholen, 1 M mit 1 Umschlag links abheben, Randm.
2. R (= Rückr): Randm, * 1 M mit Umschlag rechts zusammenstricken, 1 M mit 1 Umschlag links abheben, ab * wiederholen, 1 M mit Umschlag rechts zusammenstricken, Randm.
3. R: Randm, * 1 M mit 1 Umschlag links abheben, 1 M mit Umschlag rechts zusammenstricken, ab * wiederholen, 1 M mit 1 Umschlag links abheben, Randm.
4. R: Randm, * 1 M mit Umschlag rechts zusammenstricken, 1 M links, ab * wiederholen, 1 M mit Umschlag rechts zusammenstricken, Randm.
Nach der 1. R die 2. und 3. R stets wiederholen; zum Schluss die 4. R stricken.

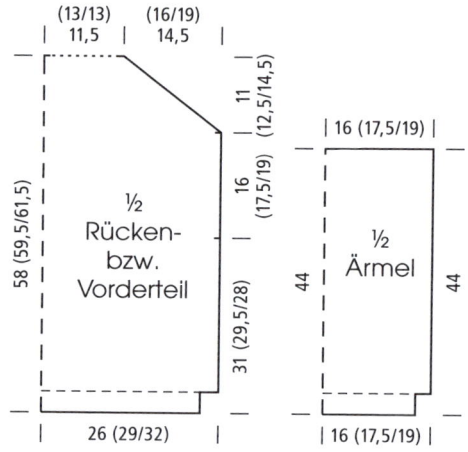

ANLEITUNG

RÜCKENTEIL

75 (83/91) M mit Nadeln Nr. 4–4,5 anschlagen und im Bündchenmuster stricken, die 1. Rückr mit Randm, 1 M rechts beginnen.
In 3,5 cm Höhe weiter mit Nadeln Nr. 4,5–5 im Patentmuster stricken.
In 47 cm Höhe für die Schulterschrägungen beidseitig 1 x 2 M, dann in jeder 4. R 9 (10/12) x 2 M abnehmen. Dafür in Hinr nach der Randm 1 M mit Umschlag links abheben, dann 3 M mit den Umschlägen rechts zusammenstricken; bis 5 M vor Ende der R stricken, dann 1 M mit Umschlag rechts abheben, 2 M mit dem Umschlag rechts zusammenstricken, die abgehobene M mit Umschlag überziehen, die vorletzte M der Nadel mit 1 Umschlag links abheben, Randm.
Nach der letzten Abnahme-R die 4. Muster-R stricken, dann die restlichen 35 (39/39) M für den Halsausschnitt stilllegen.

VORDERTEIL

Wie das Rückenteil stricken.

ÄRMEL

47 (51/55) M mit Nadeln Nr. 4–4,5 anschlagen und im Bündchenmuster stricken, die 1. Rückr mit Randm, 1 M rechts beginnen.
In 3,5 cm Höhe weiter mit Nadeln Nr. 4,5–5 im Patentmuster stricken.
In 44 cm Höhe, die 4. Muster-R stricken, dann alle M locker abketten.
Den 2. Ärmel ebenso stricken.

ZU GUTER LETZT

Die Teile spannen und unter feuchten Tüchern trocknen lassen.

Für die Halsausschnittblende mit der Rundstricknadel die stillgelegten M beider Teile im Bündchenmuster stricken, dabei zwischen den Teilen je 3 M dazu anschlagen = 76 (84/84) M. Weiter in Rd stricken und in 3 cm Blendenhöhe die M abketten.

Die Ärmel an die oberen je ca. 16 (17,5/19) cm unterhalb der Schulterschrägungen von Rücken- und Vorderteil nähen.

Die Ärmel- und Seitennähte schließen.

Aus den Schulterschrägungen und den 3 neu angeschlagenen M der Halsausschnittblende mit dem Nadelspiel je ca. 60 (66/78) M aufnehmen und 1 Rd rechts stricken, dabei die M zugleich abketten.

Rauschendes Wasser

Der ärmellose Pulli wird in einem Stück glatt rechts in Runden gestrickt. Keine Naht stört den Maschenfluss, bis diese sich in einen weiten Wasserfall-Kragen ergießen. Wer es mal weniger offenherzig mag, schlingt den weiten Kragen einfach zu einem kessen Knoten!

Rauschendes Wasser

Ärmelloser Pulli

GRÖSSE
34/36 (38/40) 42/44
Länge des fertigen Pullis = ca. 60 cm
Die Angaben für Größe 34/36 stehen vor der Klammer, die Angaben für Größe 38/40 in der Klammer vor dem Strich, die Angaben für Größe 42/44 in der Klammer nach dem Strich. Bei nur einer Angabe gilt diese für alle 3 Größen.

MATERIAL
ggh-Garn LACY (80 % Schurwolle, 20 % Seide; Lauflänge ca. 150 m/25 g)
125 (150/150) g in Gletschergrün **(Fb 5)**
Rundstricknadel Nr. 3–3,5 und 3,5–4 in 80 cm Länge

MASCHENPROBE
Mit Nadel Nr. 3,5–4 glatt rechts gestrickt, ergeben 22 M und 33 Rd (ungewaschen) bzw. 25 M und 30 Rd (gewaschen und gespannt) = 10 x 10 cm.

MUSTER
Bündchenmuster
1 M rechts, 1 M links im Wechsel stricken.

Glatt rechts
In Hinr rechte M, in Rückr linke M stricken.
In Rd alle M rechts stricken.

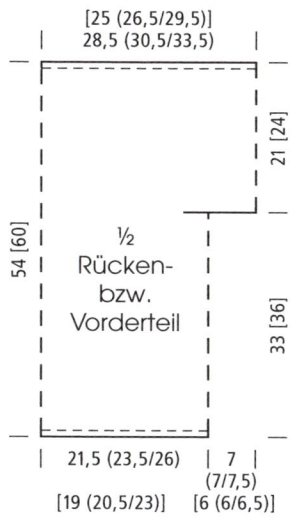

ANLEITUNG

Hinweis: Die Maschenprobe verändert sich nach dem Waschen und Spannen. Die Teile werden schmaler und länger, das Strickbild wird gleichmäßiger, und die Teile erhalten ihre endgültige Form. Im Schnittschema sind die Maße der fertigen Strickteile zusätzlich in eckigen Klammern angegeben.

PULLI

In einem Stück in Rd stricken. 190 (206/230) M mit Nadel Nr. 3–3,5 und 2 Fäden anschlagen, dann mit 1 Faden arbeiten und 3 Rd im Bündchenmuster stricken.
Weiter mit Nadel Nr. 3,5–4 glatt rechts stricken. In ca. 33 cm Höhe, nach 105 Rd glatt rechts, für die Armausschnitte * 15 (15/18) M abketten, 80 (88/97) M stricken und stilllegen, ab * 1 x wiederholen.
Nun weiter in Rd wie folgt arbeiten: * Mit 2 Fäden 45 (46/50) M neu anschlagen, mit 1 Faden 80 (88/97) M rechts stricken, ab * noch 1 x wiederholen = 250 (268/294) M. Dann weiter über alle M mit 1 Faden glatt rechts stricken.
In ca. 53 cm Höhe, nach 70 Rd ab Armausschnitt, mit Nadel Nr. 3–3,5 noch 3 Rd im Bündchenmuster stricken, danach die M abketten.

ZU GUTER LETZT

Das Teil waschen, spannen und trocknen lassen.

Rundum wohlfühlen

Ein weiter Sommerpulli aus reiner Baumwolle, harmonisch aufeinander abgestimmte Farben und noch dazu so einfach zu stricken, dass die Nadeln nur so fliegen – das ist Urlaubsfeeling pur! Wer es nicht glaubt, probiert es am besten selbst aus!

Weiter Pullover mit Streifen

GRÖSSE
34/36 (38–42) 44–48
Die Angaben für Größe 34/36 stehen vor der Klammer, die Angaben für Größe 38–42 in der Klammer vor dem Strich, die Angaben für Größe 44–48 in der Klammer nach dem Strich. Bei nur einer Angabe gilt diese für alle 3 Größen.

MATERIAL
ggh-Garn COttINA (100% Baumwolle; Lauflänge ca. 140 m/50 g)
250 (250/300) g in Lindgrün **(Fb 38)**,
150 (150/200) g in Eisblau **(Fb 27)**,
100 (100/100) g in Weiß **(Fb 16)** und
50 (50/50) g in Türkis **(Fb 8)**
Stricknadeln Nr. 2,5–3 und 3–3,5
Rundstricknadel Nr. 2,5–3 in 40 cm Länge

MASCHENPROBE
Mit Nadeln Nr. 3–3,5 glatt rechts gestrickt, ergeben 22 M und 28 R = 10 x 10 cm.

MUSTER
Bündchenmuster
In Hinr und Rd 1 M rechts verschränkt und 1 M links im Wechsel stricken; in Rückr die rechts erscheinende M rechts verschränkt, die links erscheinende M links stricken.

Glatt rechts
In Hinr rechte M, in Rückr linke M stricken.

Abnahmen
Am R-Anfang Randm und 1 M rechts stricken, dann 1 Überzug stricken (= 1 M rechts abheben, 1 M rechts stricken und die abgehobene M überziehen); am R-Ende bis vor die letzten 4 M stricken, dann 2 M rechts zusammenstricken, 1 M rechts, Randm.

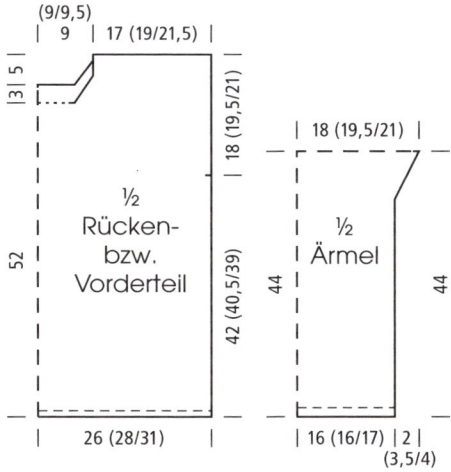

ANLEITUNG

RÜCKENTEIL

116 (124/138) M in Eisblau mit Nadeln Nr. 2,5–3 anschlagen und 3 R im Bündchenmuster stricken.

Weiter mit Nadeln Nr. 3–3,5 glatt rechts und 15 cm in Eisblau, 23 cm in Lindgrün, 6 R in Türkis, 12 R in Lindgrün, dann in Weiß stricken.

In 55 cm Höhe für den Halsausschnitt in einer Rückr die mittleren 28 (28/30) M abketten, dann in jeder 2. R 5 x 1 M wie beschrieben abnehmen.

In 60 cm Höhe die restlichen 39 (43/49) Schulter-M gerade abketten.

VORDERTEIL

Wie das Rückenteil stricken, jedoch in 52 cm Höhe für den Halsausschnitt die mittleren 28 (28/30) M stilllegen, beidseitig davon in jeder 2. R 5 x 1 M wie beschrieben abnehmen.

ÄRMEL

Zuerst die Schulternähte schließen.

Aus den mittleren 36 (39/42) cm einer Seitenkante 82 (88/94) M in Lindgrün mit Nadeln Nr. 3–3,5 aufnehmen und 1 Rückr links, dann glatt rechts stricken. Dabei für die Ärmelschrägungen beidseitig in jeder 2. R 5 (8/9) x 1 M wie beschrieben abnehmen = 72 (72/76) M.

In ca. 32,5 cm Ärmellänge weiter 16 R in Türkis, 8 R in Lindgrün und 4 R in Eisblau stricken. Danach mit Nadeln Nr. 2,5–3 in Eisblau noch 4 R im Bündchenmuster stricken. Dann die M abketten.

Den 2. Ärmel ebenso anstricken.

ZU GUTER LETZT

Das Teil spannen und unter feuchten Tüchern trocknen lassen.

Für die Halsausschnittblende mit der Rundstricknadel und Weiß die stillgelegten 28 (28/30) M rechts stricken, dazu ca. 76 (76/78) M aufnehmen = ca. 104 (104/108) M.

Nun 1 Rd links und 3 Rd rechts stricken. Dann die M locker abketten.

Die Ärmel- und Seitennähte schließen.

Ringel, Ringel, Reihe

Big ist beautiful – wer heute im Trend liegen will, darf bewusst auf eine Nummer größer setzen. So wie bei diesem fröhlichen Ringelpullover. Der lässig weite Schnitt mit modisch schmalen Ärmeln wird durch das zunächst weite, im Schulterbereich und an den Ärmeln jedoch schmale Ringelmuster zusätzlich betont. Ein superbequemer und dabei noch stylisher Begleiter für alle Tage!

Ringel, Ringel, Reihe

Weiter Streifenpullover

GRÖSSE
36–40, 42/44 und 46/48
Die Angaben für Größe 36–40 stehen vor der Klammer, die Angaben für Größe 42/44 in der Klammer vor dem Strich, die Angaben für Größe 46/48 in der Klammer nach dem Strich. Bei nur einer Angabe gilt diese für alle 3 Größen.

MATERIAL
ggh-Garn REVA (95 % recycelte Baumwolle, 5 % andere Fasern; Lauflänge ca. 155 m/50 g)
250 (300/350) g in Oliv **(Fb 8)**,
je **100 g** in Schiefer **(Fb 12)** und
50 (50/100) g in Strohgelb **(Fb 7)**
Stricknadeln Nr. 2,5–3 und 3,5–4
Rundstricknadel Nr. 2,5–3 in 40 cm Länge

MASCHENPROBE
Mit Nadeln Nr. 3,5–4 glatt rechts gestrickt, ergeben 22–23 M und 29 R = 10 x 10 cm.

MUSTER
Bündchenmuster
2 M rechts, 2 M links im Wechsel stricken.

Glatt rechts
In Hinr rechte M, in Rückr linke M stricken.

Streifenfolge
Für Rücken- und Vorderteil * 10 R in Oliv, 4 R in Schiefer, ab * 10 x stricken (= 140 R), dann 4 R in Oliv und weiter je 2 R in Strohgelb und Oliv im Wechsel stricken. Für die Ärmel 8 R in Oliv, 4 R in Schiefer, 4 R in Oliv, 17 x je 2 R in Strohgelb und Oliv (= 68 R), 2 R in Strohgelb, 4 R in Oliv, 4 R in Schiefer und 8 R in Oliv stricken = 102 R.

ANLEITUNG

RÜCKENTEIL

126 (138/146) M in Oliv mit Nadeln Nr. 2,5–3 anschlagen und 7 R im Bündchenmuster stricken, dabei mit 1 Rückr beginnen.
Weiter mit Nadeln Nr. 3,5–4 glatt rechts in der Streifenfolge stricken.
In 59 cm Höhe für den Halsausschnitt in einer Rückr die mittleren 26 (28/30) M stricken und stilllegen, beidseitig davon in jeder 2. R 5 x 1 M abnehmen. Dafür bei der rechten Seite bis vor die letzten 4 M stricken, dann 2 M rechts zusammenstricken, 1 M rechts, Randm; bei der linken Seite Randm und 1 M rechts stricken, dann 1 M rechts abheben, 1 M rechts stricken und die abgehobene M überziehen.
In ca. 63 cm Höhe, nach 1 R in Oliv, die restlichen 45 (50/53) Schulter-M abketten.

VORDERTEIL

Wie das Rückenteil stricken, jedoch den Halsausschnitt bereits in 54 cm Höhe wie beim Rückenteil beschrieben arbeiten.

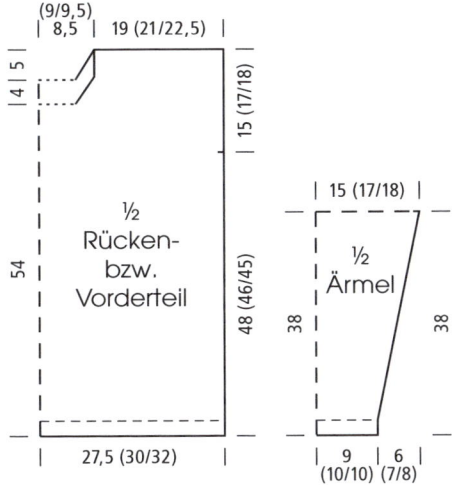

ÄRMEL

Zuerst die Schulternähte schließen.
Aus den mittleren 30 (34/36) cm der Seitenkanten je 70 (78/82) M in Oliv mit Nadeln Nr. 3,5–4 aufnehmen und zuerst 1 Rückr links, dann glatt rechts in der Streifenfolge arbeiten. Dabei für die Ärmelschrägungen beidseitig in jeder 6. R 8 x 1 M und in jeder 8. R 6 x 1 M (in jeder 6. R 16 x 1 M/in jeder 4. R 6 x 1 M und in jeder 6. R noch 12 x 1 M) abketten = 42 (46/46) M.
In 35,5 cm Ärmellänge, am Ende der Streifenfolge, weiter in Oliv mit Nadeln Nr. 2,5–3 im Bündchenmuster stricken.
In 38 cm Ärmellänge die M abketten.

ZU GUTER LETZT

Das Teil spannen und unter feuchten Tüchern trocknen lassen.
Die Ärmel- und Seitennähte schließen.
Mit der Rundstricknadel und Oliv die stillgelegten M rechts stricken, dazu je 28 M aufnehmen = 108 (112/116) M. Nun 1 Rd links, 1 Rd rechts und 5 Rd im Bündchenmuster stricken, dann die M abketten.

Beschwingt durch den Tag

Locker und leger geschnitten, mit luftigem Netzmuster und schwingenden Fransen an Saum und Ärmeln ist dieser Pulli wie gemacht für alle, die Bewegung lieben. Das sandfarbene Garn aus Baumwolle und Leinen vervollständigt das perfekte Sommerfeeling!

Beschwingt durch den Tag

Netzmuster-Pulli mit Fransen

GRÖSSE
36/38 (40/42) 44/46
Die Angaben für Größe 36/38 stehen vor der Klammer, die Angaben für Größe 40/42 in der Klammer vor dem Strich, die Angaben für Größe 44/46 in der Klammer nach dem Strich. Bei nur einer Angabe gilt diese für alle 3 Größen.

MATERIAL
ggh-Garn LINOVA (74% Baumwolle, 26% Leinen; Lauflänge ca. 100 m/50 g)
400 (450/500) g in Sand **(Fb 50)**
Stricknadeln Nr. 4–4,5
Rundstricknadel Nr. 4–4,5 in 40 und 80 cm Länge

MASCHENPROBE
Mit Nadeln Nr. 4–4,5 glatt rechts gestrickt und vor dem Waschen gemessen, ergeben 19 M und 24 Rd = 10 x 10 cm.

MUSTER
Glatt rechts
In Hinr rechte M, in Rückr linke M stricken.

Netzmuster
Siehe Schema. Maschenzahl teilbar durch 8 M + 2 M + 2 Randm. Das Muster ist in Rd und in R gezeichnet. Die 1.–4. Rd/R stets wiederholen.

Abnahmen
Am Anfang der R Randm, 1 Überzug stricken (= 1 M abheben, 1 M rechts stricken, dann die abgehobene M überziehen); am Ende der R bis vor die letzten 3 M stricken, 2 M rechts zusammenstricken, Randm.

Schema für das Lochmuster in Runden

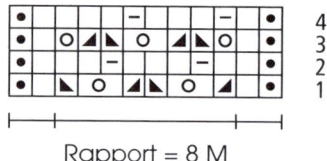

Rapport = 8 M

Schema für das Lochmuster in Reihen

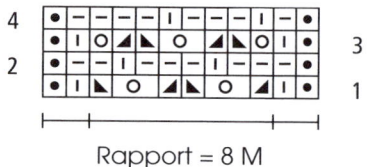

Rapport = 8 M

Zeichenerklärung

- ⬤ = 1 Randm
- ☐ = 1 M rechts
- ⊟ = 1 M links
- ⓞ = 1 Umschlag, liegt ein Umschlag am Rapportanfang- und -ende wie in R 3, wird nur 1 Umschlag gestrickt
- ◣ = 1 Überzug (= 1 M rechts abheben, 1 M rechts stricken und die abgehobene M überziehen)
- ◢ = 2 M rechts zusammenstricken

Zeichenerklärung

- ⬤ = 1 Randm
- | = 1 M rechts
- ⊟ = 1 M links
- ⓞ = 1 Umschlag, liegt ein Umschlag am Rapportanfang- und -ende wie in R 3, wird nur 1 Umschlag gestrickt
- ◣ = 2 M rechts zusammenstricken
- ◢ = 1 Überzug (= 1 M rechts abheben, 1 M rechts stricken und die abgehobene M überziehen)

ANLEITUNG

RÜCKEN- UND VORDERTEIL

Der Pullover wird bis zu den Armausschnitten in Rd gestrickt.

Mit der Rundstricknadel in 80 cm Länge 184 (200/216) M anschlagen und zur Rd schließen.

Dann 8 Rd glatt rechts, 4 Rd Netzmuster, 8 Rd glatt rechts, 18 Rd Netzmuster, 8 Rd glatt rechts, 4 Rd Netzmuster, 32 Rd glatt rechts, 4 Rd Netzmuster, 2 Rd glatt rechts stricken = 36 cm Gesamthöhe.

Die Seitennähte markieren und jeweils vor und nach den Seitennähten 7 M abketten. Vorder- und Rückenteil getrennt über 78 (86/94) M beenden und weiter in R stricken. Zunächst das Rückenteil beenden und die M des Vorderteils stilllegen.

RÜCKENTEIL

Noch 6 R glatt rechts stricken und dabei 5 x beidseitig in jeder 2. R 1 M abnehmen wie beschrieben = 68 (76/84) M.

Das Rückenteil im Netzmuster beenden.

In 58 (59/60) cm Gesamthöhe für den hinteren Halsausschnitt die mittleren 20 M abketten und beide Schultern getrennt über 24 (28/32) M beenden.

An der zum Ausschnitt zeigenden Seite noch 3 x 1 M abnehmen wie beschrieben = 21 (25/29) Schulter-M. In 62 (63/64) cm Gesamthöhe alle M abketten.

VORDERTEIL

Bis in 52 (53/54) cm Gesamthöhe wie das Rückenteil stricken.

Danach den Ausschnitt wie beim Rückenteil beschrieben stricken.

In 62 (63/64) cm Gesamthöhe 21 (25/29) Schulter-M abketten.

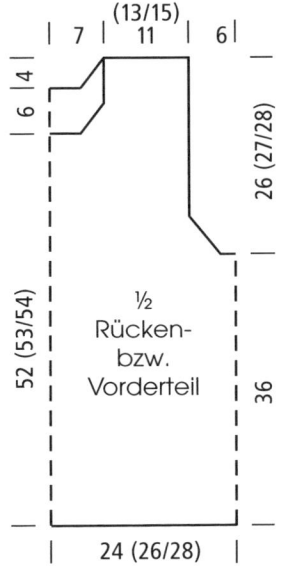
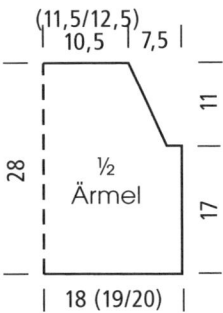

ÄRMEL

70 (74/78) M mit Nadeln Nr. 4–4,5 anschlagen und in R stricken.

8 Rd glatt rechts, 4 Rd Netzmuster, 8 Rd glatt rechts stricken, dann den Ärmel im Netzmuster beenden. Für die Größe 40/42 passt der Rapport nicht exakt in die Maschenzahl. Rapport daher mittig ausrichten und die rechts und links davon liegenden M glatt rechts stricken.

In 17 cm Gesamthöhe beidseitig 7 M abketten. Danach beidseitig noch 8 x in jeder 2. R 1 M abnehmen wie beschrieben = 40 (44/48) M.

In 28 cm Gesamthöhe alle M abketten.

ZU GUTER LETZT

Die Teile spannen und unter feuchten Tüchern trocknen lassen.

Schulter- und Ärmelnähte schließen. Ärmel einnähen.

Für das Halsbündchen aus dem Halsausschnitt mit der 40 cm langen Rundstricknadel 90 M auffassen und zur Rd schließen. 2 Rd rechte M und 1 Rd linke M stricken, dann alle M locker abketten.

Zum Schluss an Saum und Ärmelsaum in jede 3. M eine Franse einknüpfen. Pro Franse 3 Fäden à 45 cm zuschneiden, zur Hälfte legen und einknüpfen. Fransen auf 18 cm begradigen.

Olé Bolero!

Klein, leicht und anschmiegsam – Boleros lassen sich zu den verschiedensten Looks kombinieren und setzen bei schlichten Outfits modische Akzente. Die lockere Passform dieses Strickboleros mit Puffärmeln sorgt für eine lässige und doch feminine Note. Das längsgestreifte Jäckchen wird in zwei Teilen jeweils vom Ärmel bis zur hinteren Mitte quer gestrickt.

Olé Bolero!

Kurzes Jäckchen mit Streifen und Kordelverschluss

GRÖSSE
36–40

MATERIAL
ggh-Garn REVA (95 % recycelte Baumwolle, 5 % andere Fasern; Lauflänge ca. 155 m/50 g)
150 g in Oliv **(Fb 8)** und
100 g in Beige **(Fb 14)**
Rundstricknadel Nr. 3 in 40 cm Länge
Rundstricknadel Nr. 3,5 in 40 und 60 cm Länge
Nadelspiel Nr. 4

MASCHENPROBE
Mit Nadeln Nr. 3,5 glatt rechts gestrickt, ergeben 20 M und 28 R = 10 x 10 cm.

MUSTER
Bündchenmuster
2 M rechts, 2 M links im Wechsel stricken.

Glatt rechts
In Hinr rechte M, in Rückr linke M stricken.

Abnahmen
<u>Am Anfang der R:</u> Randm, 1 rechte M, 1 Überzug stricken (= 1 M abheben, 1 M rechts stricken, dann die abgehobene M überziehen). <u>Am Ende der R:</u> Bis vor die letzten 4 M stricken, 2 M rechts zusammenstricken, 1 M rechts, Randm.

Streifenfolge
3 R Beige und 3 R Oliv im Wechsel stricken.

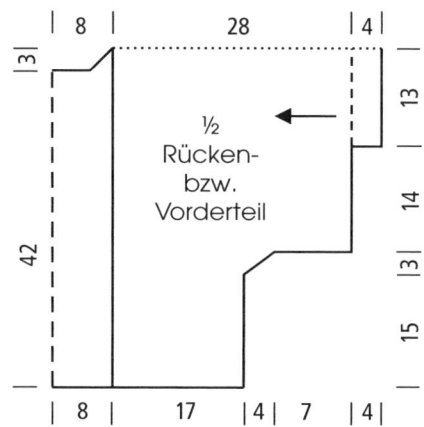

ANLEITUNG

Hinweis: Der Bolero wird quer zur Tragerichtung von Ärmel zu Ärmel gestrickt.

ÄRMEL

54 M in Oliv mit Nadeln Nr. 3 anschlagen und im Bündchenmuster stricken. Hierzu in der folgenden Rückr mit 2 linken M beginnen und enden.

Nach 11 R zu Nadeln Nr. 3,5 wechseln und weiter glatt rechts stricken. In der ersten R mit doppeltem Faden stricken. In der folgenden R nur noch mit 1 Faden stricken, dabei alle M einzeln abstricken. So verdoppelt sich die M-Zahl = 108 M.

Nach 6 R in Oliv mit der Streifenfolge beginnen.

In 11 cm Gesamthöhe beidseitig 1 M zunehmen, indem neben der Randm 1 M aus dem Querfaden gestrickt wird.

Zunahmen noch 5 x in jeder 2. R wiederholen = 120 M. Nach der letzten Zunahme beidseitig durch Aufstricken je 30 M zunehmen = 180 M und zur längeren Rundstricknadel wechseln. Diese 30 M bilden die Seitennaht und werden später im Maschenstich aneinandergenäht.

VORDER- UND RÜCKENTEIL

Über 180 M 17 cm in der Streifenfolge stricken. In einer Hinr nach einer 3. R Oliv oder Beige 90 M wie folgt abketten: 8 M abketten, dabei rechts stricken, dann für die Falten 14 x * 3 M rechts zusammenstricken (=1 M abheben, 2 M rechts zusammenstrickn, dann die abgehobene M überziehen) und 1 M rechts stricken * wiederholen = 64 M abgekettet. Weitere 26 M abketten, dabei rechts stricken.

RÜCKENTEIL

Weiter über die verbleibenden 90 M in Streifenfolge stricken. Für den hinteren Halsausschnitt an der zu den abgeketteten M zeigenden Seite 5 x 1 M abnehmen wie beschrieben = 85 M.

In 25 cm Gesamthöhe, gemessen ab M-Anschlag der Seitennaht, in einer 1. R Oliv oder Beige alle M abketten.

Das 2. Teil gegengleich stricken.

ZU GUTER LETZT

Die Teile spannen und unter feuchten Tüchern trocknen lassen.

Die hintere Mittelnaht, die Seitennähte und die Unterarmnaht im Maschenstich schließen.

Abschließend rundum eine Kordel anbringen. Hierzu auf einer Nadel des Nadelspiels Nr. 4 mit 2 Fäden in Oliv 4 M anschlagen und rechts stricken. * Die M wieder an den Anfang der Nadel schieben, Faden fest anziehen und die M erneut rechts abstricken. Ab * solange wiederholen, bis die entstandene Kordel leicht gedehnt die vorderen Kanten und den hinteren Ausschnitt einfasst. Dann alle M abketten und die Kordel annähen.

Eine zweite, ca. 125 cm lange Kordel wie oben angegeben anfertigen und rund um den Saum annähen, dabei an den Vorderteilen zum Binden jeweils 20 cm überstehen lassen.

Bunt & gestreift

wie die Farben des Regenboges

Farbenfroh
in den Sommer

Raus aus dem Grau in Grau – im Frühjahr und Sommer sehnt sich das Auge nach frischen und leichten Farben, die uns mit neuer Energie aufladen. Dem entspricht dieser luftige Sommerpulli mit breiten Blockstreifen, bei dem zarte Pastelltöne durch ein leuchtendes Gelb zum Strahlen gebracht werden.

Farbenfroh in den Sommer

Pullover mit Blockstreifen

GRÖSSE

34/36 (38/40) 42/44

Die Angaben für Größe 34/36 stehen vor der Klammer, die Angaben für Größe 38/40 in der Klammer vor dem Strich, die Angaben für Größe 42/44 in der Klammer nach dem Strich. Bei nur einer Angabe gilt diese für alle 3 Größen.

MATERIAL

ggh-Garn COTTINA (100% Baumwolle; Lauflänge ca. 140 m/50 g)
150 (150/200) g in Lindgrün **(Fb 38)**, je **100 g** in Lavendel **(Fb 19)** und Veilchen **(Fb 5)**, **50 (100/100) g** in Hellgelb **(Fb 1)** und **50 g** in Flieder **(Fb 41)**
Stricknadeln Nr. 2,5–3 und 3–3,5
Rundstricknadel Nr. 3–3,5 in 40 cm Länge

MASCHENPROBE

Mit Nadeln Nr. 3–3,5 glatt rechts gestrickt, ergeben 22 M und 29 R = 10 x 10 cm.

MUSTER

Bündchenmuster

2 M rechts, 2 M links im Wechsel stricken.

Glatt rechts

In Hinr rechte M, in Rückr linke M stricken.

Abnahmen

Am R-Anfang Randm und 1 M rechts stricken, dann 2 M rechts zusammenstricken; am R-Ende bis vor die letzten 4 M stricken, dann 1 Überzug stricken (= 1 M rechts abheben, 1 M rechts stricken und die abgehobene M überziehen), 1 M rechts, Randm.

ANLEITUNG

RÜCKENTEIL

94 (106/116) M in Veilchen mit Nadeln Nr. 2,5–3 anschlagen und 1 Rückr rechts stricken. Weiter mit Nadeln Nr. 3–3,5 glatt rechts 11 cm in Veilchen, 5 cm in Flieder, 15 cm in Lavendel, 10 cm in Hellgelb, dann in Lindgrün stricken.

Zugleich in 38 cm Höhe für die Armausschnitte beidseitig 1 x 5 (7/9) M, dann in jeder 2. R 5 (6/7) x 1 M wie beschrieben abnehmen = 74 (80/84) M.

In 51 (53/55) cm Höhe für den Halsausschnitt die mittleren 30 M stricken und stilllegen, beidseitig davon in jeder 2. R 6 x 1 M wie beschrieben abnehmen.

In 56 (58/60) cm Höhe die verbleibenden 16 (19/21) Schulter-M gerade abketten.

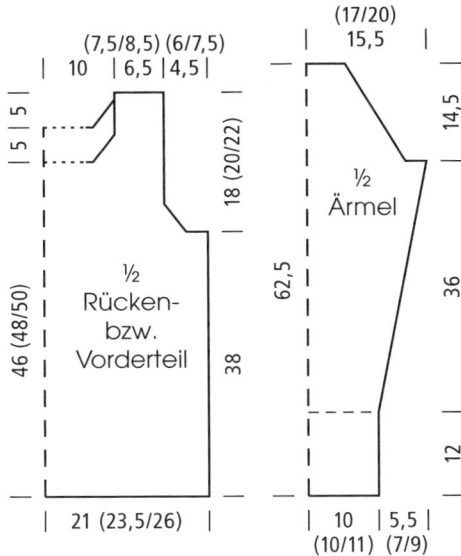

VORDERTEIL

Wie das Rückenteil stricken, jedoch den Halsausschnitt bereits in 46 (48/50) cm Höhe wie beim Rückenteil beschrieben arbeiten.

ÄRMEL

46 (46/50) M in Veilchen mit Nadeln Nr. 2,5–3 anschlagen und 12 cm im Bündchenmuster stricken.

Weiter mit Nadeln Nr. 3–3,5 glatt rechts 5 cm in Flieder, 10 cm in Lavendel und 5 cm in Hellgelb, dann in Lindgrün stricken. Dabei für die Ärmelschrägungen beidseitig in jeder 8. R 12 x 1 M (in jeder 6. R 16 x 1 M/ abwechselnd in jeder 4. und 6. R 20 x 1 M) zunehmen = 70 (78/90) M.

In 48 cm Höhe für die Armkugel beidseitig 1 x 5 (7/9) M abketten, dann in jeder 2. R 20 x 1 M wie beschrieben abnehmen, danach die restlichen 20 (24/32) M gerade abketten.

Den 2. Ärmel ebenso stricken.

ZU GUTER LETZT

Die Teile spannen und unter feuchten Tüchern trocknen lassen.

Alle Nähte schließen, die Ärmel einnähen. Für die Halsausschnittblende mit der Rundstricknadel und Lavendel die stillgelegten je 30 M rechts stricken, dazwischen je 30 M aufnehmen = 120 M. Nun 1 Rd linke und 3 Rd rechte M stricken. Dann die M abketten, dabei rechts stricken.

Colour & Stripes

Der schulterfreie Pullover mit fröhlichen Streifen in Pastellfarben wird bis zu den Armausschnitten in Reihen, dann in Runden gestrickt. Position und Länge der Träger sind individuell variierbar, da diese erst im Nachhinein gestrickt und angenäht werden.

Schulterfreier Pullover

GRÖSSE
34/36 (38/40) 42/44
Die Angaben für Größe 34/36 stehen vor der Klammer, die Angaben für Größe 38/40 in der Klammer vor dem Strich, die Angaben für Größe 42/44 in der Klammer nach dem Strich. Bei nur einer Angabe gilt diese für alle 3 Größen.

MATERIAL
ggh-Garn VOLANTE (55% Merino, 45% Baumwolle; Lauflänge ca. 130 m/50 g)
200 (250/250) g in Hellblau **(Fb 19)** und je **100 (100/100) g** in Altrosa **(Fb 1)**, Strohgelb **(Fb 6)** und Wollweiß **(Fb 8)**
Stricknadeln Nr. 3,5–4
Rundstricknadel Nr. 3,5–4 und 4–4,5 in 80 cm Länge

MASCHENPROBE
Mit Nadeln Nr. 4–4,5 glatt rechts gestrickt, ergeben 20 M und 27–28 R/Rd = 10 x 10 cm.

MUSTER
Bündchenmuster
2 M rechts, 2 M links im Wechsel stricken.

Glatt rechts
In Hinr rechte M, in Rückr linke M stricken.
In Rd alle M rechts stricken.

Streifenfolge
14 R in Farbe, 3 x im Wechsel je 3 R in Wollweiß und Farbe (= 18 R) und 5 R in Wollweiß = 37 R. Diese 37 R 3 x stricken und für Farbe nacheinander Hellblau, Altrosa und Strohgelb einsetzen. Dabei mit der Rundstricknadel stricken und die M immer an das Ende der Nadel schieben, wo der Faden in der benötigten Farbe hängt.

ANLEITUNG

RÜCKENTEIL

86 (94/102) M in Hellblau mit Nadeln Nr. 3,5–4 anschlagen und 9 R = 3 cm im Bündchenmuster stricken.

Weiter mit Nadel Nr. 4–4,5 glatt rechts in der Streifenfolge arbeiten.

In ca. 42,5 cm Höhe, nach 3 R in Wollweiß, für die Armausschnitte beidseitig 1 x 5 (7/9) M abketten, dann die restlichen 76 (80/84) M stilllegen = 43 cm Höhe.

VORDERTEIL

Wie das Rückenteil stricken.

ÄRMEL

50 (54/54) M in Hellblau mit Nadeln Nr. 3,5–4 anschlagen und 9 R im Bündchenmuster stricken.

Weiter mit Nadel Nr. 4–4,5 glatt rechts in der Streifenfolge stricken.

In 30 (25/20) cm Höhe für die Ärmelschrägungen beidseitig 1 x 1 M, dann in jeder 8. R 3 x 1 M (in jeder 8. R 5 x 1 M/in jeder 6. R 9 x 1 M) zunehmen = 58 (66/74) M.

In ca. 42,5 cm Höhe, nach 3 R in Wollweiß, für die Armausschnitte beidseitig 1 x 5 (7/9) M abketten, dann die restlichen 48 (52/56) M stilllegen = 43 cm Höhe.

Den 2. Ärmel ebenso stricken.

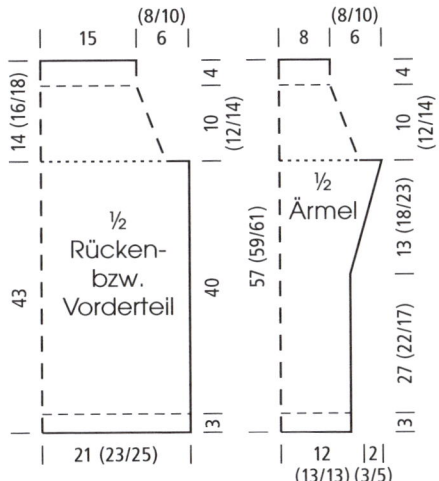

RUNDPASSE

In Hellblau stricken. Mit Nadel Nr. 4–4,5 nacheinander die M des Rückenteils, eines Ärmels, des Vorderteils und des 2. Ärmels rechts stricken, dabei bei allen Teilen die ersten 2 M rechts zusammenstricken, die vorletzte M rechts abheben, die letzte M rechts stricken und die abgehobene M überziehen = 240 (256/272) M; die Übergänge markieren.

Weiter in Rd stricken. In der 4. Rd die Abnahmen beginnen; dafür bei allen Teilen ab Markierung 1 M rechts stricken, 2 M rechts zusammenstricken, bis 3 M vor die folgende Markierung stricken, dann 1 Überzug arbeiten (= 1 M rechts abheben, 1 M rechts stricken und die abgehobene M überziehen). Diese Abnahmen in jeder 3. Rd 3 (5/7) x und in jeder 4. Rd 3 x wiederholen = 184 M.

In ca. 53 (55/57) cm Höhe, nach 26 (32/38) Rd in Hellblau, mit Nadel Nr. 3,5–4 im Bündchenmuster stricken, die Rd mit 1 M rechts, 2 M links beginnen und mit 1 M rechts beenden. Nach weiteren 4 cm die M abketten.

ZU GUTER LETZT

Das Teil spannen und unter feuchten Tüchern trocknen lassen.

Die Ärmel-, Armausschnitt- und Seitennähte schließen.

Für die Träger 2 x je 5 M in Hellblau mit Nadeln Nr. 3,5–4 anschlagen und ca. 24 cm glatt rechts stricken. Vor dem Annähen der Träger den Pulli anprobieren. Die Träger an den gewünschten Stellen befestigen (siehe Foto), die Länge bei Bedarf korrigieren.

Spannende *Kontraste*

Supereinfach zu stricken ist der kurz geschnittene Pulli mit Blockstreifen, bei dem die Farbkombination von Vorder- und Rückenteil mit den Farben der Ärmel kontrastiert. Das feine Mischgarn aus Schurwolle und Seide ist ein weiterer Grund, warum dieser Pullover zu Ihrem neuen Lieblingsteil werden könnte ...

Spannende Kontraste

Streifenpullover

GRÖSSE
34/36 (38/40) 42/44
Die Angaben für Größe 34/36 stehen vor der Klammer, die Angaben für Größe 38/40 in der Klammer vor dem Strich, die Angaben für Größe 42/44 in der Klammer nach dem Strich. Bei nur einer Angabe gilt diese für alle 3 Größen.

MATERIAL
ggh-Garn LAZY (80 % Merinowolle, 20 % Seide; Lauflänge ca. 150 m/25 g)
75 (75/100) g in Korallenrot **(Fb 17)** und je **50 (50/75) g** in Wollweiß **(Fb 1)**, Zyklam **(Fb 12)** und Apfelgrün **(Fb 6)**
Stricknadeln Nr. 3–3,5 und 3,5–4
Rundstricknadel Nr. 3–3,5 in 40 cm Länge

MASCHENPROBE
Mit Nadeln Nr. 3,5–4 glatt rechts gestrickt, ergeben 23 M und 32 R = 10 x 10 cm.

MUSTER
Kraus rechts
In allen Reihen nur rechte M stricken.

Glatt rechts
In Hinr rechte M, in Rückr linke M stricken.

Abnahmen
Am R-Anfang nach der Randm 2 M rechts zusammenstricken; am R-Ende bis vor die letzten 3 M stricken, dann 1 Überzug arbeiten (=1 M rechts abheben, 1 M rechts stricken und die abgehobene M überziehen), Randm.

ANLEITUNG

RÜCKENTEIL

102 (112/124) M in Korallenrot mit Nadeln Nr. 3–3,5 anschlagen und 5 R kraus rechts stricken, dabei mit 1 Rückr beginnen.

Weiter mit Nadeln Nr. 3,5–4 glatt rechts je 14 R in Korallenrot und Apfelgrün im Wechsel stricken; nach dem 5. Streifen in Apfelgrün die Arbeit in Korallenrot beenden.

In 29 cm Höhe, nach 6 R in Korallenrot, für die Armausschnitte beidseitig zuerst 1 x 6 (7/8) M abketten, dann in jeder 2. R noch 6 (7/8) x 1 M wie beschrieben abnehmen = 78 (84/92) M.

In 45 (47/49) cm Höhe für die Schulterschrägungen beidseitig 1 x 3 (3/5) M, dann in jeder 2. R 5 x 3 M (2 x 3 M und 3 x 4 M/5 x 4 M), danach die restlichen 42 M für den Halsausschnitt abketten.

VORDERTEIL

Wie das Rückenteil, jedoch ohne Schulterschrägungen arbeiten. Außerdem in ca. 40 (42/44) cm Höhe für den Halsausschnitt die mittleren 30 M stilllegen, beidseitig davon in jeder 2. R 6 x 1 M wie beschrieben abnehmen.

In 49 (51/53) cm Höhe die verbleibenden 18 (21/25) Schulter-M gerade abketten.

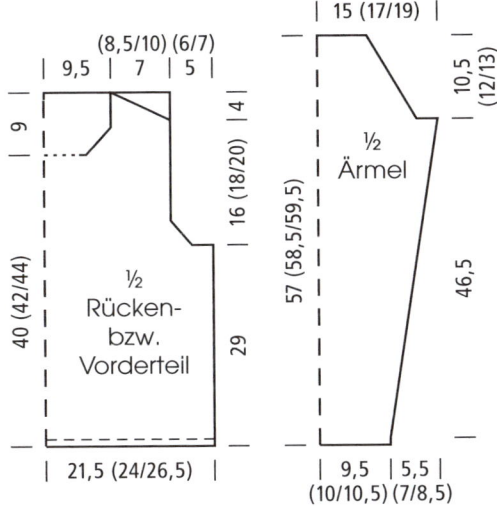

ÄRMEL

46 (48/50) M in Wollweiß mit Nadeln Nr. 3–3,5 anschlagen und 5 R kraus rechts stricken, dabei mit 1 Rückr beginnen.
Weiter mit Nadeln Nr. 3,5–4 glatt rechts je 14 R in Wollweiß und Zyklam im Wechsel stricken, nach dem 6. Streifen in Zyklam in Wollweiß stricken. Für die Ärmelschrägungen beidseitig in der 10. R ab Anschlag 1 x 1 M, dann in jeder 10. R 12 x 1 M (in jeder 10. R 2 x 1 M und in jeder 8.R 13 x 1 M/in jeder 8. R 6 x 1 M und in jeder 6. R 13 x 1 M) zunehmen = 72 (80/90) M.
In 46,5 cm Höhe, nach 6 R in Wollweiß, für die Armkugel beidseitig 1 x 6 (7/8) M, dann in jeder 2. R 16 (18/20) x 1 M, danach die restlichen 28 (30/34) M gerade abketten.
Den 2. Ärmel ebenso stricken.

ZU GUTER LETZT

Die Teile spannen und unter feuchten Tüchern trocknen lassen.
Alle Nähte schließen, die Ärmel einnähen.
Für die Halsausschnittblende mit der Rundstricknadel und Korallenrot ca. 90 M aufnehmen und die stillgelegten 30 M rechts stricken = ca. 120 M. Nun 1 Rd linke M und 3 Rd rechte M stricken. Dann die M abketten, dabei rechts stricken.

Sommer *feeling* pur

Ein figurbetonter Schnitt, ein tiefer Rückenausschnitt und fantastische Farben – was braucht es mehr, um dieses Kleid zu Ihrem perfekten Begleiter für Sommer, Sonne, Strand und Meer zu machen? Vielleicht, dass es gar nicht so schwer zu stricken ist?

Sommer feeling pur

Kleid mit Blockstreifen

GRÖSSE
34/36 (38/40)
Die Angaben für Größe 34/36 stehen vor der Klammer, die Angaben für Größe 38/40 in der Klammer. Bei nur einer Angabe gilt diese für alle beiden Größen.

MATERIAL
ggh-Garn MYSTIK (54 % Schurwolle, 46 % Viskose; Lauflänge ca. 110 m/50 g)
100 (150) g in Hellblau **(Fb 129)**,
je **100 g** in Morgennebel **(Fb 75)**,
Blasses Schilf **(Fb 122)**,
Zitronenbonbon **(Fb 99)**,
50 (100) g in Flieder **(Fb 127)** und
50 g in Lilienorange **(Fb 117)**
Rundstricknadel Nr. 3,5–4 in
60 (80) cm Länge
2 Nadeln eines Nadelspiels Nr. 3,5–4

MASCHENPROBE
Mit Nadeln Nr. 3,5–4 glatt rechts und nach dem Waschen gemessen, ergeben ca. 21–22 M und 25 Rd/R = 10 x 10 cm.

MUSTER
Bündchenmuster
1 M rechts verschränkt, 1 M links im Wechsel stricken.

Glatt rechts
In Hinr rechte M, in Rückr linke M stricken; in Rd nur rechte M stricken.

Abnahmen
Am R-Anfang Randm und 2 M rechts, dann 1 Überzug stricken (= 1 M rechts abheben, 1 M rechts stricken und die abgehobene M überziehen); am R-Ende bis vor die letzten 5 M stricken, dann 2 M rechts zusammenstricken, 2 M rechts, Randm.

ANLEITUNG

Hinweis: Das Maschenbild ist nach dem Stricken etwas unregelmäßig. Deshalb das Kleid nass machen, leicht schleudern, in Form ziehen und trocknen lassen. Die Zentimeter-Angaben im Schnittschema beziehen sich auf das behandelte Kleid.

KLEID

Bis zum Rückenausschnitt in Rd stricken. 172 (188) M in Hellblau anschlagen und 4 Rd im Bündchenmuster stricken.

Weiter glatt rechts 55 Rd in Hellblau, 35 Rd in Hellgrün, 50 Rd in Blasses Schilf, 30 Rd in Flieder, 12 Rd in Lilienorange, 30 Rd/R in Hellgrün (= 212 Rd/R), dann in Gelb stricken. Nach 153 Rd glatt rechts, in der 13. Rd in Flieder, 4 M abnehmen. Dafür vom Rd-Wechsel aus * 2 M stricken, 1 Überzug (= 1 M rechts abheben, 1 M rechts stricken und die abgehobene M überziehen), 78 (86) M stricken, 2 M rechts zusammenstricken, 2 M stricken, ab * 1 x wiederholen. Diese Abnahmen an den gleichen Stellen in jeder 8. Rd 2 x und in jeder 6. Rd noch 3 x wiederholen, dabei die 78 (86) M entsprechend verringern = 148 (164) M.

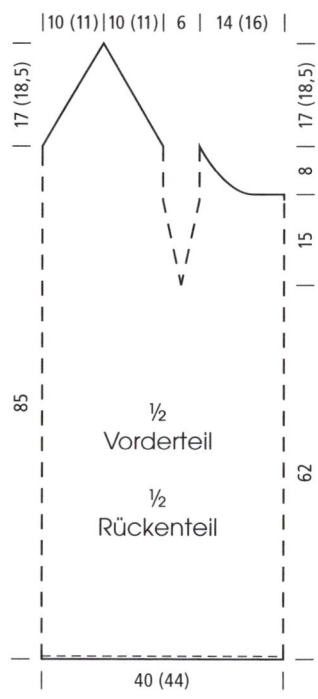

Für den rückwärtigen Ausschnitt nach 192 Rd glatt rechts, in der 11. Rd in Hellgrün, vom Rd-Wechsel aus 22 M stricken, 30 (38) M abketten und die restlichen M stricken = 118 (126) M.
Nun in R stricken und beidseitig in jeder 2. R 1 x 4 M und 2 x 2 M abketten, dann in jeder 2. R 6 x 1 M wie beschrieben abnehmen = 90 (98) M nach 30 Rd/R in Hellgrün.
Anschließend in Gelb stricken, dabei in der 1. R die Arbeit in der Mitte teilen = 2 x 45 (49) M, dann beide Seiten getrennt beenden. Dabei beidseitig in jeder 2. R 18 (20) x 1 M wie beschrieben abnehmen = 9 M. In den folgenden 3 Hinr jeweils über den mittleren 3 M je 1 doppelten Überzug stricken (= 1 M rechts abheben, 2 M rechst zusammenstricken und die abgehobene M überziehen), dann die restlichen 3 M abketten.
Zum Schluss das Teil nass machen, leicht schleudern, in Form ziehen und trocknen lassen.

KORDELN

Mit den Nadeln des Nadelspiels 3 M in Hellblau anschlagen, * die M zurück an das andere Ende der Nadel schieben, den Faden etwas anziehen und die M rechts stricken, ab * wiederholen. Von Zeit zu Zeit die Kordel lang ziehen, damit die M gleichmäßig werden.
Eine ca. 130 (138) cm lange und eine ca. 75 (84) cm lange Kordel stricken, dabei leicht gedehnt messen.
Vor dem Abketten die Länge überprüfen, dann die Kordeln annähen: Die kürzere Kordel an der Seiten- und Abkettkante entlang von der 1. Vorderteil-Spitze über das Rückenteil zur 2. Spitze hin nähen. Die längere Kordel mittig an die Seidenkanten des vorderen Halsausschnitts nähen, die Enden im Rückenteil verkreuzen und beidseitig der mittleren ca. 25 (28) cm an das Rückenteil nähen.

Impressum

Autor: Rebecca Trade
Entwürfe: Susanne Schmidt-Guttandin
Anleitungen: Katharina Buss
Realisation: Andreas Kersten
Fotos: Johannes Caspersen
Styling: Sibylle Wehner
Produktmanagement: Helgrid van Impelen
Lektorat: Dr. Stefanie Gronau
Korrektorat: Anna Maier
Umschlaggestaltung: Leeloo Molnàr
Layoutentwurf & Satz:
Marion Tykal, MXM Digital Service GmbH
Repro: LUDWIG:media
Herstellung: Stephanie Schlemmer
Printed in Slovakia by Neografia

Sind Sie mit diesem Titel zufrieden? Dann würden wir uns über Ihre Weiterempfehlung freuen. Erzählen Sie es im Freundeskreis, berichten Sie Ihrem Buchhändler oder bewerten Sie beim Onlinekauf. Und wenn Sie Kritik, Korrekturen oder Aktualisierungen haben, freuen wir uns über Ihre Nachricht an Christophorus Verlag, Postfach 40 02 09, D-80702 München oder per E-Mail an lektorat@verlagshaus.de.

Unser komplettes Programm finden Sie unter

 www.christophorus-verlag.de

Alle gezeigten Modelle, Projekte, Illustrationen und Fotos sind urheberrechtlich geschützt. Eine gewerbliche Nutzung ist untersagt. Dies gilt auch für eine Vervielfältigung bzw. Verbreitung über elektronische Medien. Autor/Autorin und Verlag haben alle Angaben und Anleitungen mit größtmöglicher Sorgfalt zusammengestellt. Dennoch kann bei Fehlern keinerlei Haftung für direkte oder indirekte Folgen übernommen werden. Stoffe, Materialien und Modelle können von den jeweiligen Originalen abweichen. Die bildliche Darstellung ist unverbindlich.
Sollte dieses Werk Links auf Webseiten Dritter enthalten, so machen wir uns die Inhalte nicht zu eigen und übernehmen für die Inhalte keine Haftung.

ggh GmbH, www.ggh-garn.de
Rebecca Trade GbR, www.rebecca-online.de

Die Deutsche Nationalbibliothek verzeichnet diese Publikation in der Deutschen Nationalbibliografie; detaillierte bibliografische Daten sind im Internet über http://dnb.d-nb.de abrufbar.

© 2021 Christophorus Verlag in der
Christian Verlag GmbH
Infanteriestraße 11a
80797 München

Alle Rechte vorbehalten.

ISBN 978-3-8410-6633-6

 **Kreativ-Service**

Sie haben Fragen zu den Büchern und Materialien? Frau Erika Noll ist für Sie da und berät Sie rund um alle Kreativthemen. Rufen Sie an! Wir interessieren uns auch für Ihre eigenen Ideen und Anregungen.
Sie erreichen Frau Noll per E-Mail: **mail@kreativ-service.info** oder Tel.: **+49 (0) 5052 / 91 18 58**.

Besuchen Sie uns im Internet: **www.christophorus-verlag.de**